Karin Öhler / Anna-Lena Rieder

Materialien und Kopiervorlagen
zur Klassenlektüre

Swantje Oppermann

FOLLOW ME • FOLLOW YOU

Hase und Igel®

Inhalt

Bildnachweis:
© Shutterstock – Cali6ro: S. 27 (Symbole); ilikeit: S. 29; mejorana: S. 24

80797 München, service@hase-und-igel.de
www.hase-und-igel.de
Lektorat: Anna Schultes
Illustrationen: Anja Mo Kast
Satz: Sieveking Agentur, München
Druck: Joh. Walch GmbH & Co. KG, Im Gries 6,
86179 Augsburg, kontakt@walchdruck.de

ISBN 978-3-86316-263-4
2. Auflage 2025

„Follow Me, Follow You“ – Das Buch im Unterricht

Das Buch

Fragt man Jugendliche heute nach ihrem Berufswunsch, fällt nicht selten der Begriff Influencer. TikTok, Instagram, YouTube – hier verbringen sie einen großen Teil ihrer Zeit. Die Plattformen liefern unbegrenzte und stets verfügbare Unterhaltung, meist produziert von jungen Menschen, die ein scheinbar perfektes Leben führen. Allzu oft streben die Konsumenten des Contents dann in ihrem echten Leben nach dieser verführerischen Scheinwelt. Dabei vergessen sie manchmal, dass wenig davon der Realität entspricht und der Erfolg in sozialen Netzwerken auch Schattenseiten haben kann. Deshalb ist es wichtig, über die Risiken aufzuklären.

Der Roman „Follow Me, Follow You“ bietet einen eindrucksvollen Blick hinter die Kulissen. Die Autorin Swantje Oppermann schildert den Social-Media-Alltag zweier Schwestern. Während die jüngere Robin die TikTok-Videos plant, filmt und bearbeitet, steht die siebzehnjährige Lexi als strahlendes *Magic Girl* vor der Kamera. Lexi möchte so vor allem mehr Zeit mit ihrer Schwester verbringen. Robin hingegen brennt für den Kanal.

Tatsächlich verhilft ihnen ein virales Video zum Durchbruch. Anfangs genießen die beiden die Vorzüge und nehmen an glamourösen Events teil. Doch der Druck, den die steigende Bekanntheit erzeugt, führt auch zu Konflikten: Robin steckt all ihre Energie in den Kanal und läuft Gefahr, sich in der virtuellen Welt zu verlieren. Lexi spielt ihrer Schwester zuliebe mit, hat aber eigentlich andere Prioritäten. Sie hadert mit ihrer Rolle als *Magic Girl* und will ihren Fans sinnvollen Content präsentieren. Bestärkt fühlt sie sich durch den Influencer *FaktenFayz,* der über Gesundheitsirrtümer aufklärt und außerdem mit Lexi flirtet.

Die Schattenseiten des Erfolgs setzen Lexi stark zu. Anfeindungen in der Schule und die Flut der Hasskommentare im Netz überfordern sie. Schließlich entgehen die Mädchen bei einem Angriff im echten Leben nur knapp einer Katastrophe – und ihnen wird klar, was wirklich zählt.

Die Lektüre eignet sich thematisch und sprachlich für den Einsatz ab der 7. Klasse. Die Leser folgen den beiden sehr unterschiedlichen Hauptfiguren, was vielfältige Anknüpfungspunkte und Identifikationsmöglichkeiten bietet. Auch mehrere männliche Figuren spielen wichtige Rollen. Die auf Jugendliche anziehend wirkende Social-Media-Welt und die spannungsgeladene Handlung versprechen ein kurzweiliges Lesevergnügen und eine interessante Auseinandersetzung mit dem Buch im Unterricht.

Das Material

Das Begleitmaterial beinhaltet abwechslungsreiche Aufgaben, um die Romanhandlung und die Figuren zu analysieren sowie das Textverständnis zu sichern. Dabei rücken Beziehungen verschiedener Art in den Fokus, von Freundschaft unter Jugendlichen über die Entwicklung des Verhältnisses zweier ungleicher Schwestern bis hin zu einer sich anbahnenden Liebesgeschichte.

Außerdem beleuchtet das Material intensiv Chancen und Gefahren von Social Media: Die gesteigerten finanziellen Möglichkeiten der Mädchen und das positive Feedback der begeisterten Community werden ebenso thematisiert wie Risiken bei der Produktion von Content, die Schwierigkeit einer Work-Life-Balance sowie Hass im Netz und dessen Auswirkungen auf die Psyche. Als roter Faden dient dabei der Alltag der beiden Schwestern Lexi und Robin, der durch das virale Video zu Beginn des Romans Kopf steht.

Das Material ist in sechs Abschnitte gegliedert, wobei sich die ersten fünf am chronologischen Verlauf des Buches orientieren. Die Einheit „Nach der Lektüre“ bietet die Gelegenheit, das eigene Mediennutzungsverhalten zu dokumentieren und zu reflektieren.

Jeder Abschnitt beginnt mit einem Lehrerteil, der eine Inhaltszusammenfassung der einzelnen Kapitel, didaktische Hinweise und Musterlösungen zu den Arbeitsblättern enthält. Eine vertiefte Beschäftigung mit der Lektüre regen die Rubriken „Gesprächs- und Schreibanlässe“ sowie „Kreativ aktiv“ an. Direkt im Unterricht einsetzbare Kopiervorlagen schließen die Einheiten ab.

Signets am oberen Seitenrand verdeutlichen den thematischen Schwerpunkt jeder Kopiervorlage:

Viel Freude und wertvolle Erkenntnisse bei der Arbeit mit Buch und Material wünschen Ihnen und Ihrer Klasse

Anna-Lena Rieder und Karin Öhler

1. bis 5. Kapitel: *Magic Girl* geht viral

Inhalt

(1) Die beiden Schwestern Robin und Lexi veröffentlichen unter dem Namen *Magic Girl* Videos auf der Social-Media-Plattform TikTok. Lexi verkörpert *Magic Girl* – hübsch, strahlend, selbstbewusst –, während Robin für das Drehen und Bearbeiten der Videos zuständig ist. Robin informiert Lexi darüber, dass ihr neuester Beitrag viral gegangen ist.

(2) Lexi kann es kaum glauben, wie viele Menschen sich auf einmal für *Magic Girl* interessieren. Robin möchte die Chance auf Erfolg nicht verpassen und gleich das nächste Video drehen. Doch Lexi zögert, da sie noch andere Verpflichtungen hat: eine Matheprüfung und eine Schicht im Café, in dem sie neben der Schule arbeitet, stehen an. Schließlich finden die beiden einen Kompromiss, weil Lexi gern Zeit mit Robin verbringt.

(3) Am nächsten Morgen trifft Lexi vor der Schule auf ihren besten Freund York. Dieser zieht sie liebevoll mit dem viralen Video auf. Der Erfolg löst bei Lexi weniger Euphorie aus als bei ihrer Schwester. Eine Mitschülerin namens Emilia macht sich über Lexis Auftritt als *Magic Girl* lustig. York schafft es, die davon getroffene Lexi wieder aufzubauen.

(4) Für Robin ist die Schule ein Pflichtprogramm, Freunde hat sie dort keine. Ihre ganze Energie steckt sie in *Magic Girl* und deren Community, weil sie im Kanal ihre berufliche Zukunft sieht. Am Nachmittag bespricht sie mit Lexi das weitere Vorgehen und die beiden legen als Ziel fest, 500 000 Follower zu erreichen.

(5) Ein Videodreh überfordert die Schwestern. Robin will, dass sie etwas Neues ausprobieren, um mehr Klicks zu generieren. Lexi soll einen Sprung von einer selbst gebauten Rampe machen. Als diese zerbricht, ist Robin deprimiert. Doch dann kommt Joris, der Vater der Mädchen, dazu. Er ist seit dem Tod der Mutter vor knapp drei Jahren alleinerziehend, arbeitet zu viel, versteht wenig von Social Media, ist aber sehr stolz auf seine Töchter. Er hilft, eine stabile Rampe zu bauen. Während Lexi Angst hat, ihren Vater zu überlasten, ist Robin froh, das Video noch fertigstellen zu können. Robin bemerkt aufgeregt, dass ein bekannter TikToker, *Ole4000,* negativ auf ihr Video reagiert hat.

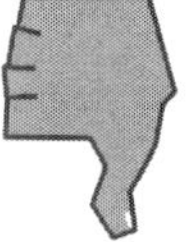

Unterrichtsschwerpunkte

- den Buchumschlag untersuchen
- die Hauptfiguren kennenlernen
- ein Social-Media-Profil erstellen
- Sprachbilder näher betrachten
- über Freundschaft im Netz reflektieren
- filmische Grundlagen kennenlernen (Einstellungsgröße und Kameraperspektive)
- ein Storyboard zeichnen

Zu den Kopiervorlagen

Das Cover

Zum Einstieg in die Lektüre bietet es sich an, ausgehend von Covermotiv und Titel erste Vermutungen über den Inhalt des Buches anzustellen. Die Aufgaben auf dem Arbeitsblatt dienen auch dazu, Vorwissen aus dem Bereich Social Media zu aktivieren. Befragen Sie die Schüler zu ihrer eigenen Nutzung von sozialen Netzwerken. Abschließend lesen sie den Klappentext und formulieren drei Fragen an den Roman. Diese können im Laufe der Lektüre immer wieder herangezogen und eventuell beantwortet werden.

Lösung

Aufgabe 1:

Auf dem Cover sind zwei Personen: Eine befindet sich zentral in der Mitte. Das schwarz gekleidete Mädchen mit wehenden langen Haaren ist von vorn zu sehen, springt, wirft sich vor der abgebildeten Handykamera in Pose. Die hochgereckte Faust erinnert an eine „Superheldin". Die andere Person (Mädchen oder Junge?) macht eine Aufnahme mit dem Handy. Von ihr sieht man nur einen Teil des Gesichts und die Schultern. Im Hintergrund sind mehrstöckige Wohnhäuser zu sehen, was auf die einfachen Verhältnisse der beiden Jugendlichen hinweisen könnte.

Aufgabe 2:

„Follow Me, Follow You" bedeutet frei übersetzt: „Folge mir, ich folge dir." Im Zusammenhang mit der abgebildeten Szene denkt man an Social Media und „Follower". Jemandem zu folgen heißt in diesem Zusammenhang, seine Aktivitäten in sozialen Netzwerken aufmerksam zu beobachten und daran Anteil zu nehmen.

Aufgabe 3:

z. B. Hat *Magic Girl* am Ende eine echte Botschaft? Wie verläuft die Auseinandersetzung mit dem Influencer? Wer bedroht die Schwestern?

Zwei ungleiche Schwestern

Die Schüler beschäftigen sich zum Auftakt der Lektürearbeit mit den beiden Hauptfiguren, indem sie Lexi und Robin aspektorientiert vergleichen. Dabei beziehen sie die Informationen aus den ersten fünf Kapiteln ein. So wird schnell klar, dass die Schwestern sehr unterschiedlich sind. Einige Punkte sind auf dem Arbeitsblatt schon vorgegeben, um zu verdeutlichen, was mit den Kategorien gemeint ist. Die Ergebnisse vergleichen die Jugendlichen im Anschluss mit einem Partner, ergänzen Fehlendes und präsentieren ihre Lösung dann vor der Klasse.

Der provokante Spitzname für die Schwestern dient als Anregung für eine Diskussion. Passt *Beauty and the Brain* zu Lexi und Robin? Die Schüler bewerten die Zuschreibungen und begründen ihre Meinung mithilfe der zuvor erstellten Übersicht. Diese können sie im weiteren Verlauf der Lektüre ergänzen. Insgesamt leisten sie hier die Vorarbeit für Charakterisierungen, die auch ausformuliert werden können.

Lösung

Aussehen

Lexi: langes, glattes, glänzendes Haar; ausdrucksstarke Bernsteinaugen; hübsch

Lebensumstände

Geldsorgen, Tod der Mutter vor knapp drei Jahren, alleinerziehender Vater (Joris) arbeitet viel

Eigenschaften / Verhaltensweisen

Lexi: selbstlos (überlässt ihrer kleinen Schwester das größere Zimmer), unterstützt die Familie finanziell (Arbeit im Café), legt Wert auf Freundschaften (York), kümmert sich um Robin (fragt nach den Hausaufgaben, kocht)

Robin: stürmisch („fliegt" in Lexis Zimmer), sieht Schule als „Pflichtprogramm", einzelgängerisch, schnelle Auffassungsgabe, konzentriert sich auf den TikTok-Kanal, vergisst vor lauter Arbeit das Essen, zielstrebig, verbissen

Gedanken / Gefühle

Lexi: denkt an ihren schulischen Erfolg (macht nächstes Jahr Abitur) und an ihre Mitmenschen (v. a. Robin und Joris), macht den Kanal für Robin, ist gekränkt von Emilias Spott

Robin: alles dreht sich um den Kanal, starke Glücksgefühle bei der Arbeit an den Videos und bei positiven Reaktionen

Wünsche / Träume

Lexi: noch keine Pläne für die Zeit nach dem Abitur (will sich alle Optionen offenlassen)

Das Profil von *Magic Girl*

Die Schüler haben die beiden Schwestern „im echten Leben" genauer betrachtet und sollen sich nun mit ihrem Onlineauftritt *Magic Girl* auseinandersetzen. Nachdem sie zusammengetragen haben, was sie schon über die Figur wissen, gestalten sie ein passendes Profilbild. Die gesammelten Informationen präsentieren sie als „Bio", wie es in sozialen Medien üblich ist. Diese Form knüpft an die Lebenswelt der Jugendlichen an und berücksichtigt ihre typische Art zu kommunizieren: häufig knapp und mit Emojis.

Lösung

a) Lexi trägt in der Rolle als *Magic Girl* ein enges, schwarzes Outfit, das aus einem Rollkragenpullover, Leggings und Shorts besteht (vgl. Cover). Sie hat langes, glattes Haar und bernsteinfarbene Augen. In ihren Videos spricht sie nie. Die Magie entsteht vor allem durch die Effekte, die Robin einbaut: *Magic Girl* verwandelt hässliche Orte in schöne Landschaften und beamt sich von einem Ort zum nächsten. Abschlusspose: Drehung, breitbeinige Körperhaltung, Faust in die Luft.

KV Seite 11

„Lexi, wir sind viral!"

Die Reaktionen auf das virale Video fallen nicht nur bei Lexi und Robin unterschiedlich aus (Staunen versus Euphorie), sondern auch in ihrem Umfeld. Die Schüler arbeiten diese zunächst heraus. Weisen Sie darauf hin, dass nur die Aussage von York wortwörtlich in der Lektüre steht (S. 10). Die Reaktionen von Emilia und Joris lassen sich jedoch aus dem Verhalten der Figuren ableiten (Joris / S. 21: „Er schaute die Videos seiner Töchter voller Stolz und zeigte sie jedem, der ihm über den Weg lief. Aber so richtig verstand er diese Welt nicht.").

Die Aktion von Lexis Mitschülerin Emilia steht in Aufgabe 2 im Fokus. Um die Auswirkungen des Spotts nachzuempfinden, nehmen die Jugendlichen Lexis Perspektive ein und setzen die sehr bildhafte Sprache in dieser Textstelle grafisch um: „In Lexi zog sich alles zusammen, als hätte Emilia ihr mit der Geste die gesamte Luft aus den Lungen gesogen. Die Blicke der anderen brannten auf ihrer Haut." (S. 12)

Abschließend machen sie sich gemeinsam mit einem Partner Gedanken, welche Möglichkeiten Lexi über Yorks Tipps hinaus hat, mit der unangenehmen Situation umzugehen. Das Gespräch regt die Schüler an, über Mobbing und dessen Auswirkungen nachzudenken und dabei persönliche Erfahrungen einzubeziehen. Vertiefend eignet sich die Anregung „Lexis Erfahrungen in der Schule“ in der Rubrik „Kreativ aktiv“, S. 7.

Lösung

Aufgabe 1:

York: „Guten Morgen, Superstar. Oder sprichst du jetzt nicht mehr mit uns Normalos?“

Emilia: „Hey, Lexi! *Magic Girl* ist echt peinlich!“

Joris: „Ich verstehe diese Welt zwar nicht, aber bin sehr stolz auf euch!“

Aufgabe 2:

Bild 1: Lungen ohne Luft / Bild 2: Haut in Flammen

Echte Freunde?

Auch dieses Arbeitsblatt beschäftigt sich mit den Unterschieden zwischen den zwei Schwestern. Hier steht das Thema Freundschaft im Mittelpunkt. Zunächst finden die Schüler passende Adjektive, um zu beschreiben, wie Lexi und York miteinander umgehen. Robin, die in der Schule keine Freunde hat, pflegt nur online den Kontakt zur Community von *Magic Girl*. Die Jugendlichen vergleichen und bewerten die Beziehungen der Schwestern. Davon ausgehend reflektieren sie im Partnergespräch ihren eigenen Umgang mit realen Freunden sowie Kontakten in den sozialen Netzwerken.

Lösung

Aufgabe 1:

Lexi und York	Robin und die Community
neckend, vertraut, bewundernd, beschützend, fürsorglich, emotional verbunden, einfühlsam, aufmunternd, bestärkend	tauschen sich aus, teilen die gleichen Interessen, Robin fühlt sich auch ohne persönliche Begegnung verbunden

Aufgabe 2:

Die Beziehung zwischen Lexi und York wirkt inniger, da die beiden sehr vertraut miteinander umgehen. Das zeigt sich etwa an Yorks neckenden Kommentaren („Guten Morgen, Superstar“ / *„Beauty and the Brain“*) und an Lexis Gestik (auf den Oberarm boxen). In der unangenehmen Situation mit Emilia kümmert sich York fürsorglich um Lexi, muntert sie auf und bestärkt sie. Robin hingegen schätzt bei der Kommunikation mit der Community den Austausch über Videos, auch wenn der Kontakt unpersönlich bleibt.

Übernimm Robins Job

Die Schüler blicken mithilfe dieses Arbeitsblatts hinter die Kulissen professioneller Social-Media-Videos, indem sie die Vorarbeiten bei der Produktion von Content nachvollziehen. Zunächst eignen sie sich dazu filmische Grundlagen an.

Nachdem sich die Jugendlichen mit der Theorie beschäftigt haben, setzen sie ihr Wissen in die Praxis um: Sie planen und zeichnen ein Storyboard für ein Video von *Magic Girl*. Im 5. Kapitel der Lektüre drehen die beiden Schwestern ein Video, in dem *Magic Girl* scheinbar durch ein magisches Portal von der Realität in eine andere Welt springt. Auch das Cover greift diese Szene auf und bietet Anknüpfungspunkte: Die Froschperspektive verstärkt den Eindruck der „Erhöhung“ von *Magic Girl*. Sie wird als Idol dargestellt, der Betrachter schaut zu ihr auf.

Die Schüler können ausgehend davon ihre eigenen Ideen einfließen lassen, um die Szene in ein Storyboard mit drei Bildern umzuwandeln.

Lösung

Aufgabe 2:

Wer oder was ist im Mittelpunkt? Lexi als *Magic Girl*

Was ist im Hintergrund zu sehen? Während der Aufnahme: der Innenhof des Wohnblocks, der aus einer großen Rasenfläche besteht; nach der Bearbeitung durch Robin: eine andere Welt (individuelle Lösung)

Welche Einstellungsgröße passt zum Bildinhalt? *Magic Girl* springt in die Luft und durch ein Portal in eine neue Welt. Es bietet sich an, mit einer eher weiten Einstellung zu starten, z. B. der Totalen oder Halbtotalen. Beim Übergang durch das Portal ist es sinnvoll, näher heranzugehen, damit mehr von *Magic Girls* Mimik zu sehen ist. Als letztes Bild sollte die Fantasiewelt gezeigt werden, am besten in der Totalen, um möglichst viel von ihr zu präsentieren.

Welche Kameraperspektive unterstützt den Inhalt? Es bietet sich die Froschperspektive an, um *Magic Girl* als mächtige Entdeckerin einer neuen Welt zu inszenieren.

Gesprächs- und Schreibanlässe

New Words

Die Social-Media-Welt hat eine eigene Sprache. Führe eine Vokabelliste mit allen unbekannten Wörtern, die dir beim Lesen begegnen. Recherchiere ihre Bedeutung und notiere sie. Später kannst du dein Wissen dann bei einem Rätsel einbringen („Ein Rätsel für alle *Magic Girls* und *Boys*“, S. 31).

Plötzlich viral

Stell dir vor, du bist über Nacht ein Star. Wie geht es dir damit? Welche Chancen und Probleme könnten sich für dich, deinen Alltag und dein Umfeld ergeben? Fertige eine Pro-und-Kontra-Liste an und teile deine Gedanken mit der Klasse.

Kreativ aktiv

Was wäre dein Thema?

Der Kanal von Lexi und Robin dreht sich rund um *Magic Girl,* die alle verzaubern soll. Welche Inhalte würdest du auf einem öffentlichen Social-Media-Kanal teilen? Was interessiert dich? Was kannst du besonders gut? Können andere etwas von dir lernen? Entwirf ein Konzept für dein Profil mit einem passenden Namen.

Kopf und Gesicht des Kanals

Im 3. Kapitel denkt Lexi über die Rollen der Schwestern nach: Sie sei das Gesicht des Kanals und Robin der Kopf dahinter. Setze dieses Sprachbild künstlerisch um, z. B. in Form einer Collage.

Lexis Erfahrungen in der Schule

Lexi wird von ihrer Mitschülerin Emilia auf dem Schulhof verspottet. Habt ihr schon einmal ähnliche Erfahrungen gemacht oder bei anderen beobachtet? Tauscht euch in der Gruppe darüber aus. Ab wann spricht man von Mobbing? Was kann man dagegen tun? Gestaltet ein Plakat zum Thema.

Wie funktionieren soziale Netzwerke?

Die Social-Media-Expertin Robin weiß, dass sie ihren Durchbruch auch einer gehörigen Portion Glück zu verdanken hat. Denn soziale Netzwerke werden von Algorithmen gesteuert. Was ist ein Algorithmus? Wie funktioniert er? Recherchiere im Internet zu diesem Thema und präsentiere deine Ergebnisse der Klasse, z. B. in Form eines Referats oder eines kurzen Erklärvideos.

Linktipps:

- *https://www.codingkids.de/wissen/was-bitteschoen-ist-ein-algorithmus*
- *https://www.ardmediathek.de,* Stichwort: „Einfach.erklärt: Algorithmen bei TikTok und Instagram“

Das Cover

1. Betrachte das Cover der Lektüre. Beschreibe, was du siehst.

2. Lies den Titel. Was bedeutet er übersetzt? Aus welchem Bereich kennst du den Begriff „follow"? Stelle einen Zusammenhang zum Bild her: Worum könnte es in dem Buch gehen? Notiere deine Ideen.

3. Lies den Klappentext und formuliere davon ausgehend drei Fragen, die der Roman beantworten könnte.

i

Als **Klappentext** bezeichnet man umgangssprachlich den kurzen Text auf den Klappen oder der Rückseite des Umschlags. Er informiert dich, worum es in der Geschichte geht. Die Zusammenfassung soll dich neugierig machen und dir dabei helfen, zu entscheiden, ob du das Buch lesen möchtest.

Zwei ungleiche Schwestern

Lexis bester Freund York zieht sie damit auf, wie die Mitschüler die beiden Schwestern nennen: *Beauty and the Brain.* Prüfe, ob der Spitzname passt, indem du die Übersicht ergänzt.

Aussehen

lockiges Haar,
sonst keine Informationen

Lebensumstände

Umzug in Wohnblock vor zwei Jahren

Eigenschaften / Verhaltensweisen

selbstlos

stürmisch

Gedanken / Gefühle

denkt an ihren schulischen Erfolg

Wünsche / Träume

Berufswunsch nach der
Realschule: Content-Creator

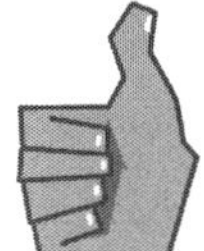

Das Profil von *Magic Girl*

Robin und Lexi haben als *Magic Girl* einen viralen Hit auf TikTok gelandet. Was sehen ihre Fans, wenn sie auf den Account klicken?

Erstelle das Social-Media-Profil von *Magic Girl*.

a) Notiere zunächst, was du alles über die Fantasiefigur weißt.

b) Zeichne ein aussagekräftiges Profilbild und verfasse eine „Bio", die zu *Magic Girl* passt. Du kannst auch Emojis verwenden.

i

Eine **Bio** – Abkürzung für „Biografie" – auf Social Media ist ein stichwortartiger Text, in dem du anderen Nutzern in knapper Form mitteilst, wer du bist und was du magst. Du kannst Informationen wie deinen Benutzernamen, deine Interessen, deine Ansichten und weitere wichtige Dinge teilen. Gib aber keine persönlichen Daten wie deine Adresse preis. Überlege gut, ob du deinen echten Namen verwendest.

„Lexi, wir sind viral!“

1. *Magic Girls* Erfolg bleibt nicht unbemerkt. Die Menschen um Lexi und Robin reagieren aber ganz unterschiedlich auf das virale Video. Schreibe auf, was sie sagen.

2. Die Autorin verwendet zwei eindrucksvolle Sprachbilder, um Lexis Gefühlszustand nach Emilias Aktion auf dem Schulhof zu verdeutlichen. Lies noch einmal auf Seite 12 nach, notiere die Sprachbilder und setze sie grafisch um.

3. York empfiehlt Lexi, Emilia zu vergessen, doch Lexi leidet trotzdem. Was würdest du ihr raten? Besprich dich mit deinem Partner.

Echte Freunde?

Die zwei Schwestern pflegen ihre Kontakte auf unterschiedliche Art und Weise: Während Lexi mit York einen realen Ansprechpartner hat, ist Robin in der Schule eher eine Außenseiterin. Sie verbringt die Pausen am Smartphone im Austausch mit ihrer Community.

1. Beschreibe, welchen Stellenwert das Thema Freundschaft für die beiden Schwestern hat.

a) Lies im 3. Kapitel nach und finde treffende Adjektive dafür, wie Lexi und York miteinander umgehen. Schreibe diese in die linke Spalte der Tabelle.
b) Im 4. Kapitel wird Robins Umgang mit der Community dargestellt. Notiere in der rechten Spalte der Tabelle Robins Gedanken und Gefühle.

Lexi und York	Robin und die Community

2. Vergleiche nun die beiden Spalten miteinander und begründe, welche Beziehung auf dich inniger wirkt.

3. Tausche dich mit deinem Partner darüber aus, wie du mit Kontakten in Social Media im Unterschied zu Freunden im echten Leben umgehst.

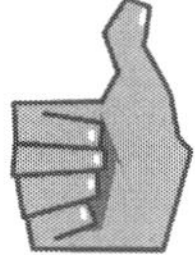

Übernimm Robins Job

Jedes Video von *Magic Girl* macht schon viel Arbeit, bevor die Kamera läuft. Robin recherchiert Ideen und skizziert, was später gefilmt wird. Diese Skizzen nennt man auch Storyboard, eine Art gezeichnetes Drehbuch. Die Bildentwürfe werden wie bei einem Comic aneinandergereiht.

1. Lies dir Robins Tipps zum Erstellen eines Storyboards aufmerksam durch.

„Die Einstellungsgröße beeinflusst, wie nah der Zuschauer dem gefilmten Gegenstand oder der gefilmten Figur kommt. Es gibt beispielsweise die **Totale**, die eine Figur und einen Großteil ihrer Umgebung zeigt. Mit der **Halbtotalen** filmt man eine Figur von Kopf bis Fuß. Schon näher kommt man der Figur bei der **Naheinstellung**, bei der Kopf und Oberkörper zu sehen sind. Die **Großeinstellung** umfasst nur die Aufnahme des Kopfes und der Schultern. Sehr nah dran an der gefilmten Figur oder dem gefilmten Gegenstand ist die **Detaileinstellung**. Sie zeigt z. B. nur die Augen oder den Mund eines Menschen.
Je nachdem, wie die Kamera steht, wird unser Blickwinkel auf die Figur verändert. Es gibt verschiedene Kameraperspektiven: Die **Normalperspektive** entspricht unserer Wahrnehmung im Alltag. Man kann aber auch von unten nach oben filmen. Die Figur wirkt dann groß, mächtig oder selbstbewusst. Das nennt man **Froschperspektive**. Will man das Gegenteil erreichen, muss man von oben filmen, aus der **Vogelperspektive**. Dann wirkt die Figur klein oder eingeschüchtert."

2. Lies das 5. Kapitel und beantworte folgende Fragen für drei wichtige Momente des Videos schriftlich in deinem Heft.

Wer oder was ist im Mittelpunkt?
Was ist im Hintergrund zu sehen?
Welche Einstellungsgröße passt zum Bildinhalt?
Welche Kameraperspektive unterstützt den Inhalt?

3. Zeichne das Storyboard und benenne die von dir gewählte Einstellungsgröße und Kameraperspektive.

6. bis 14. Kapitel: Die Followerzahl steigt

Inhalt

(6) *Magic Girl* wird in einem Video des erfolgreichen TikTokers *Ole4000* als Copycat bezeichnet. Die Schwestern erhalten daraufhin beleidigende Nachrichten von Oles Fans. Robin nimmt die Hasskommentare gelassen, während Lexi von den persönlichen Angriffen stark getroffen wird. Besonders beschäftigt sie, dass der Nutzer *Feuereike* ihre Intelligenz infrage stellt. Robin sieht vor allem die positive Seite und betrachtet die Aktion als kostenlose Werbung, da ihre Followerzahl rapide steigt. Lexi ist unsicher, ob sie die Lage zu ernst nimmt. Beide Schwestern erkennen, dass der Vorfall sie bekannter gemacht hat.

(7) Lexi arbeitet im Café von Yorks Eltern und fühlt sich erschöpft, weil Robin es sich zum Ziel gesetzt hat, zwei Videos pro Woche hochzuladen. So sollen die vielen neuen Follower bei Laune gehalten werden. Ihre Anstrengungen lohnen sich, die Schwestern schließen sogar einen kleinen Werbedeal ab. Lexi wird von einem Gast im Café als *Magic Girl* erkannt, was sie unangenehm findet. Später erfahren die Schwestern, dass sie zu einer Serienpremiere in Berlin eingeladen sind, worüber sie sich sehr freuen.

(8) Robin und Lexi sind bei der Serienpremiere in Berlin. Die PR-Mitarbeiterin versteht nicht, dass Robin und Lexi beide *Magic Girl* sind, und will Robin nicht auf den roten Teppich lassen. Lexi versucht, die Situation zu klären, aber aufgrund der Ungeduld von *Ole4000,* der hinter ihnen in der Schlange steht, lenkt Robin ein. Die nervöse Lexi lässt sich allein fotografieren, während Robin abseits Videos für den Kanal macht. Robin hofft, dass Ole ihnen nicht den Abend verdirbt.

(9) Lexi gibt auf dem Event ihr erstes Interview, das sie gedanklich auch danach noch beschäftigt. Nach dem Screening der Episoden genießen Lexi und Robin das Essen und die Getränke. Während die Schauspieler der Serie direkt im Anschluss an die Premiere nach Hause können, geht die Arbeit für die Schwestern weiter: Sie produzieren Content für ihren Kanal. Lexi trifft auf den erfolgreichen Influencer *FaktenFayz,* der ihre Videos lobt, mit ihr flirtet und für Fotos mit ihr posiert. Sie bemerkt, dass Robin mit *Ole4000* spricht. Danach berichtet Robin, Ole habe sich entschuldigt und eine Zusammenarbeit vorgeschlagen. Lexi lehnt dies ab, aber Robin wirkt nicht abgeneigt. Auf dem Rückweg ins Hotel erfährt Lexi, dass Fayz nun ihrem Account folgt, was sie freut.

(10) Inspiriert von Fayz, der auf seinem Kanal über Gesundheitsirrtümer aufklärt, möchte Lexi eine Neuausrichtung des Contents von *Magic Girl*. Nach einem Gespräch mit Robin verwirft sie ihre Idee, *Magic Girl* eine klare Botschaft mit Sinn zu verleihen. Denn Robin ist gegen die Veränderung und betont, dass *Magic Girl* vielen Menschen Hoffnung gibt und Ablenkung durch Unterhaltung bietet.

(11) Die Schwestern erfüllen ihrem Vater zur Feier von 250 000 Followern einen lang gehegten Traum, indem sie ihn in ein schickes Sternerestaurant ausführen. Joris ist sehr stolz auf die beiden. Mit einem einzigen Werbedeal verdienen sie jetzt so viel wie ihr Vater mit wochenlanger harter Arbeit. Als Nächstes hat Robin eine Vereinbarung mit einer bekannten Pflegemarke getroffen, die ihre neue Haarseife bewerben will. Robin weiht Lexi nicht in alle Details des Vertrags ein, weil sie denkt, besser zu wissen, was gut ist für ihren Erfolg.

(12) Lexi hat das Abendessen mit ihrer Familie im Sternerestaurant sehr genossen, vor allem, weil sie damit ihrem Vater etwas zurückgeben kann. Am nächsten Morgen wird Lexi jedoch von der Realität eingeholt, als sie in der Schule auf Emilia trifft. Emilia zeigt ihren Mitschülern eine Parodie von *Magic Girls* neuestem Video, die von *Ole4000* stammt. Lexi ist verletzt und wütend. Der Vorfall beeinträchtigt ihre Konzentration während einer wichtigen Klausur. York versucht, sie aufzumuntern, kann Lexis besondere Situation aber nur schwer nachvollziehen. Insgesamt hat er wenig Verständnis für ihren neuen straffen Drehplan und dafür, dass sie deshalb weniger Zeit hat, im Café zu arbeiten. Lexi entscheidet sich, Verstärkung gegen Ole und seine Fans zu holen.

(13) Nach Oles Parodie nehmen die Hassnachrichten zu. Lexi stresst die Situation und sie schüttet Fayz ihr Herz aus. Dieser gibt ihr aus eigener Erfahrung Tipps, z. B. Nutzer blockieren und melden. Außerdem rät er Lexi, so viel wie möglich zu dokumentieren, damit sie zur Not gerichtlich gegen die Hater vorgehen kann. Fayz spricht von Lovespeech, um positiv zu kontern. Er macht es mit dem Hashtag #MagicGirlHatMichVerzaubert vor, das Lexis Fans schnell übernehmen.

(14) Mit der Aufmerksamkeit der Hater nimmt auch die Followerzahl zu. Robin freut sich darüber, obwohl das Verwalten des Kanals immer mehr Arbeit bedeutet. Sie hat sich von anderen Influencern inspirieren lassen und *Magic-Girl*-Fanartikel entworfen. Robin holt das schwere Paket mit den T-Shirts allein von der Post ab, weil sie ungeduldig ist und nicht auf Joris warten möchte. Ein hilfsbereiter Spaziergänger bietet ihr seine Unterstützung an. Obwohl Robin zunächst zögert, lässt sie ihn schließlich das

Paket nach Hause tragen. Die ganze Situation ist ihr unangenehm und als er sie beim Namen nennt, bekommt sie ein ungutes Gefühl. Der Spaziergänger erklärt sein Wissen mit dem Adressaufkleber. Robin entspannt sich und schenkt ihm zum Dank ein *Magic-Girl*-T-Shirt.

Unterrichtsschwerpunkte

- einen Steckbrief erstellen
- über Hass im Netz reflektieren
- sich über Influencer informieren und positive sowie negative Aspekte dieser Tätigkeit herausarbeiten
- ein Interview führen
- sich in die Figuren hineinversetzen
- Monatseinkommen in verschiedenen Berufen recherchieren und anhand eines Balkendiagramms vergleichen
- einen Comic gestalten und präsentieren

Zu den Kopiervorlagen

Ole4000

Ole4000 wird im 6. Kapitel als Gegenspieler von *Magic Girl* eingeführt. Er ist im Vergleich zu den Schwestern schon länger im Geschäft und betreibt einen erfolgreichen Kanal, auf dem er andere parodiert. Die Schüler sammeln Informationen über *Ole4000* und gestalten einen Steckbrief, den sie auch durch eigene Ideen ergänzen. Außerdem stellen sie sich die Frage, an welchen Kriterien der Erfolg eines Influencers gemessen werden kann, und bewerten *Ole4000* danach.

Im Plenum untersuchen die Jugendlichen die Gründe für Oles Verhalten und denken über die Folgen seines Videos für Lexi und Robin nach. Abschließend unterhalten sie sich zu zweit über das Ausmaß der Hassnachrichten, die *Magic Girl* erhält. Vertiefend kann wiederum mit der ganzen Klasse über Hass im Netz gesprochen werden (siehe Anregung „Zu dumm, um zu sprechen" in der Rubrik „Gesprächs- und Schreibanlässe", S. 18).

Lösung

Aufgabe 1:

a) Alter: ein paar Jahre älter als Lexi, ca. Anfang zwanzig
Followerzahl: über drei Millionen
Markenzeichen: knallrot gefärbte Haare, Sonnenbrille
Inhalt seines Kanals: Parodien und Pranks, springt auf jeden neuen Trend auf

b) z. B. Inhalt des Videos, mit dem er seinen Durchbruch hatte: …
Größter Fail: …
Wichtigstes Ziel, das er noch erreichen möchte: …

Aufgabe 2:

Ja, Ole kann als erfolgreicher Influencer bezeichnet werden. Kriterien: z. B. Reichweite / Followerzahl, über einen längeren Zeitraum berühmt, Wiedererkennungswert: Person und Content, Grad der Polarisierung, Ausmaß der Präsenz im Netz

Aufgabe 3:

Ole postet das Video, um sich selbst in ein gutes Licht zu rücken und Aufmerksamkeit zu bekommen: Er hat so tolle Ideen, dass andere ihn kopieren.
Folgen für Lexi und Robin: Bloßstellung vor der Community, Hasskommentare und -nachrichten, Beschimpfungen und Beleidigungen (Aussehen, Körper, Bewegungen, Outfit, Intelligenz)

Aufgabe 4:

Lexi nimmt das Ausmaß der Hassnachrichten erstmals wahr. Sie ist verletzt und fühlt sich persönlich angegriffen, z. B. durch eine Nachricht von *Feuereike:* „zu dumm, um zu sprechen". Robin wirkt eher distanziert und lässt die Kommentare nicht so nah an sich heran. Sie versucht, das Positive zu sehen: Gratiswerbung durch Ole, steigende Followerzahl.

Influencer sein – Fluch oder Segen?

Im Mittelpunkt dieses Arbeitsblatts steht die sachliche und persönliche Auseinandersetzung mit der Tätigkeit als Influencer. Die Schüler informieren sich mithilfe eines Textes, in dem sie auch mehr über den Unterschied zwischen einem Influencer und einem Content-Creator erfahren. Im Anschluss arbeiten sie positive und negative Aspekte eines Lebens als Influencer aus dem Roman heraus, sichern sie in einer Tabelle und ergänzen eigenes Wissen. Ausgehend davon nehmen sie persönlich Stellung zum Thema. In bezüglich der Medienaffinität heterogenen Klassen bietet sich ein vorheriger Austausch oder die Arbeit in Gruppen an.

Lösung

Aufgabe 1:

Der Begriff „Influencer" stammt vom englischen Verb „to influence" ab, das „beeinflussen" bzw. „prägen" bedeutet. Ein Influencer ist eine Person, die digitale Inhalte erstellt, veröffentlicht und erfolgreich verbreitet. Das passiert oft in Texten, Bildern oder Videos, dem sogenannten Content.

Der Unterschied zu anderen Nutzern von Social Media ist die hohe Reichweite der Beiträge.
Inzwischen betrachten manche den weit gefassten Begriff als abwertend. Wer seinen Followern echten Mehrwert bietet, nennt sich deshalb lieber Content-Creator. Auch im beruflichen Kontext wird die professionelle Bezeichnung verwendet, um zu zeigen: Es ist ein richtiger Job, hinter dem viel Arbeit steckt. Dieser neue Beruf verbindet journalistisches Talent mit Werbung im Netz. Da er noch nicht lange existiert, gibt es keine spezielle Ausbildung.
Das Ziel von Content-Creators und Influencern ist, ihr digitales Publikum zu erreichen, zu unterhalten und stets zu vergrößern.

Aufgabe 2:
z. B.

Positive Aspekte	Negative Aspekte
• positive Bestätigung, z. B. durch Anzahl der Views, Likes, Follower und durch bewunderndes Feedback • Werbedeals mit Bezahlung • in der Öffentlichkeit erkannt werden • als Vorbild gesehen werden • kreative Ideen umsetzen • in eine andere, ideale Persönlichkeit schlüpfen, die man gern sein würde • Behandlung als VIP: Einladungen zu Events, gratis in Hotels übernachten, kostenlose Produkte, roter Teppich	• zeitintensive Content-Produktion • dem Urteil und den Erwartungen einer großen Öffentlichkeit ausgesetzt sein • keine Differenzierung zwischen dem vermittelten Bild im Netz und der realen Person • in der Öffentlichkeit erkannt werden / sich unsicher fühlen • kein Privatleben • Hasskommentare und Anfeindungen

KV Seite 21

Der rote Teppich

Für Lexi und Robin bedeutet das erste Influencer-Event eine Herausforderung. Lexi muss allein über den roten Teppich und sich den Fragen einer Moderatorin stellen, weil eine PR-Mitarbeiterin Robins Rolle hinter der Kamera nicht kennt. Die Schüler beschreiben Lexis Erfahrung mit dem Interview und ihre Gedanken danach. Außerdem versetzen sie sich in ihre Lage und geben Lexi Tipps, wie sie solche stressigen Situationen bewältigen kann.

Da das Interview im Roman nur angedeutet wird, füllen die Schüler diese Leerstelle. Zuerst sammeln sie im Plenum Ideen, welche Fragen interessant und angemessen sind. Danach formuliert jeder vier Fragen an Lexi. Abschließend arbeiten die Jugendlichen zu zweit: Sie stellen ihre eigenen Fragen, der Partner antwortet aus Lexis Perspektive.

Es bietet sich an, Robins Sicht der Dinge in Form eines inneren Monologs darzulegen (siehe Anregung „Am Rand des roten Teppichs“ in der Rubrik „Gesprächs- und Schreibanlässe“, S. 18).

Lösung
Aufgabe 1:
Vor dem Interview hat Lexi Lampenfieber. Dann ist es schnell vorbei, sie bekommt nur zwei Fragen gestellt.

Aufgabe 2:
z. B. „Hab ich Quatsch erzählt? Wird sich *Feuereike* wieder zu Wort melden? Welche Beleidigungen könnten diesmal auf mich einprasseln?“

Aufgabe 3:
z. B. Sei stolz, dass du den roten Teppich gemeistert hast.
Such dir einen Gesprächspartner, um dich abzulenken.
Mach dir bewusst, was wirklich wichtig ist.

Aufgabe 4:
z. B. Wie ist die Idee zu *Magic Girl* entstanden? Wer filmt deine Videos? In welche Fantasiewelt flüchtest du am liebsten und warum? Was ist deine Lieblingsserie?

Ein neues *Magic Girl?*

Mit Fayz tritt im 9. Kapitel eine weitere Figur auf, die vor allem Lexi stark beeinflusst. *FaktenFayz* betreibt einen wissenschaftlichen Kanal, auf dem er über Irrtümer im Bereich Gesundheit aufklärt. Nachdem Lexi ihn bei der Serienpremiere kennengelernt hat, hinterfragt sie die Sinnhaftigkeit ihres eigenen Kanals. Damit stößt sie bei Robin auf taube Ohren.

Fragen Sie zum Einstieg, was für die Schüler sinnvoller Content ist. Danach arbeiten sie auf dem Arbeitsblatt die Argumente der beiden Schwestern heraus. Nach dieser analytischen Beschäftigung mit dem Text versetzen sie sich in Lexis Lage und formulieren deren Gedanken als Nachricht an Fayz.

Lösung

Aufgabe 1:

Magic Girl hat keine klare Botschaft. Mit der größeren Reichweite sollte man sich für etwas Sinnvolles einsetzen. Der Kanal könnte Informationen / Aufklärung bieten.

Aufgabe 2:

ablehnend

Aufgabe 3:

- Neuer Content könnte zu Problemen führen, z. B. Sperrung des Accounts.
- Erfolg darf nicht durch eine Änderung gefährdet werden.
- *Magic Girl* ist für viele ein Vorbild (stark und selbstbewusst).
- Es wäre schwer, eine Grenze zwischen Lexis Meinung und der von *Magic Girl* zu ziehen.
- *Magic Girl* ermöglicht eine Flucht aus dem Alltag.
- *Magic Girl* war Lexis Idee, um den frühen Tod der Mutter zu verarbeiten. Jetzt bietet der Kanal auch den Fans Ablenkung und Hilfe in schlechten Zeiten.

Aufgabe 4:

z. B. „Findest du echt, es ist genug, dass *Magic Girl* sich stumm im Kreis dreht? Eine klare Botschaft wär mir lieber, aber Robin ist strikt dagegen! Was tun, *FaktenFayz?*"

Plötzlich reich

Um das Gehalt von Influencern besser einordnen zu können, recherchieren die Schüler die Verdienste von verschiedenen vorgegebenen Berufen (abweichende Ergebnisse möglich). Sie vergleichen diese, indem sie die Einkommen in ein Diagramm eintragen, und besprechen mit ihrem Partner, ob der Verdienst von erfolgreichen Influencern gerechtfertigt ist. Die begründete Einschätzung kann abschließend gemeinsam in der Klasse besprochen werden.

Lösung

Aufgabe 1:

Sie laden ihren Vater in ein Sternerestaurant ein und erfüllen damit einen früheren Traum der Eltern.

Aufgabe 2:

Kellner / Kellnerin in einem Café: 1600 bis 2200 € brutto

Maurer / Maurerin: 3100 € brutto

Arzt / Ärztin: 7500 € brutto

Lehrer / Lehrerin: 3500 € brutto

Influencer / Influencerin mit hoher Reichweite: 14 200 € brutto

Aufgabe 3:

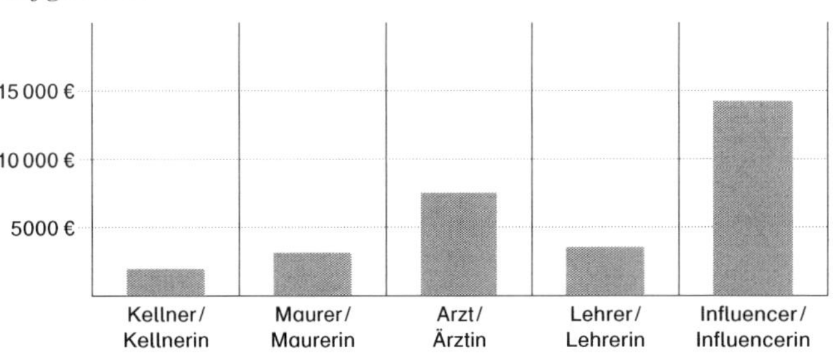

Aufgabe 4:

Das Einkommen erfolgreicher Influencer übersteigt das monatliche Gehalt in den anderen Berufen deutlich. Influencer investieren viel Zeit und Energie in ihren Kanal. Es ist aber keine Ausbildung nötig und ihr Durchbruch ist oft zufällig. Die anderen Tätigkeiten setzen verschieden lange Ausbildungszeiten voraus, erfordern Fachwissen und sind teilweise mit hoher Verantwortung verbunden, z. B. für die Gesundheit oder Bildung anderer Menschen.

KV Seite 24

Ein hilfsbereiter *Dallas Cowboy?*

Das 14. Kapitel bietet sich durch die genauen Beschreibungen dazu an, den Text in mehrere Bilder umzuwandeln. Hier wurde die motivierende Form des Comics gewählt. Vorab gliedern die Schüler das Kapitel in Sinnabschnitte und bewerten, was wichtig ist. Die Fragen auf dem Arbeitsblatt unterstützen sie dabei. Welche Szenen es letztlich in den Comic schaffen, bleibt ihnen überlassen. Es gibt verschiedene Möglichkeiten. Manche Informationen, die erst im Laufe des Kapitels gegeben werden, müssen die Jugendlichen beim Zeichnen des Comics von Anfang an berücksichtigen (z. B. Basecap des Mannes).

Robin hat den Mann, der das Paket für sie trägt, noch nie in der Nachbarschaft gesehen. Die Schüler stellen Vermutungen an, um wen es sich handelt. Geben Sie bei Bedarf den Tipp, dass er nicht zum ersten Mal erwähnt wird (Stichwort: Basecap des American-Football-Teams *Dallas Cowboys*). Als aufdringlicher Fan taucht er bereits im 7. Kapitel bei Lexi im Café auf. Die Jugendlichen vergleichen die beiden Begegnungen im Hinblick auf Verhalten und Absicht. Sie äußern eine Einschätzung, ob der Mann im Laufe des Romans noch eine Rolle spielen wird.

Lösung

Aufgabe 1:

S. 60 / 61: Robin befindet sich mit einem schweren Paket voller *Magic-Girl*-T-Shirts auf dem Weg von der Post nach Hause. Sie ist außer Atem, schweißgebadet.

S. 62: Ein Spaziergänger bietet ihr Hilfe an, die Robin zunächst ablehnt. Als ihr das Paket aus den Händen fällt, fängt der Mann es gerade noch auf. Er fragt: „Da lang?"

Robin reibt sich die aufgescheuerten Finger und entgegnet: „Das muss wirklich nicht sein. Es ist eh nicht mehr weit." Der Mann läuft trotzdem mit dem Paket los. („Na, dann ist es ja auch keine große Sache.")
S. 62 / 63: Vor der Haustür (Nummer 19) stellt der Mann ächzend das Paket ab. Er fragt: „Soll ich es dir noch hochtragen oder wohnst du eh im Erdgeschoss?" Robin antwortet: „Schon gut. Den Rest bekomme ich allein hin." Sie denkt: „Wer ist er überhaupt?" Der Mann spricht sie mit ihrem Vornamen an, obwohl sie sich nicht vorgestellt hat: „Dann vielleicht bis zum nächsten Mal, Robin." Robin erstarrt, ihr Herz kommt ins Stolpern. Sie fragt: „Wie kommen Sie darauf?" Sie denkt: „Wer ist dieser Kerl?"
S. 63 / 64: Die angespannte Situation löst sich auf. Der Mann erklärt, dass er ihren Namen auf dem Adressaufkleber gelesen hat, und deutet darauf. Robin ist erleichtert („Ah"). Er steckt seine Hände in die Hosentaschen und tritt zurück. Robin schenkt ihm ein blaues T-Shirt mit der Aufschrift „I am magic". Der Mann, der eine blaue Basecap mit dem Logo der *Dallas Cowboys* trägt, nimmt es und verschwindet.

Aufgabe 2:
individuelle Lösung, mögliche Originalzitate: siehe Lösung zu Aufgabe 1

Gesprächs- und Schreibanlässe

„Zu dumm, um zu sprechen"

Nach dem Video von Ole, der *Magic Girl* als Copycat und Amateurin bezeichnet, erreicht Lexi und Robin eine Flut von Hassnachrichten. Hast du schon einmal Hass im Netz bemerkt? Wer ist besonders betroffen? Welche Folgen können die Beschimpfungen und die Ablehnung haben? Wie kannst du darauf reagieren?

Linktipp: *https://www.bmfsfj.de,* Stichwort: „Hass im Netz gefährdet Demokratie"

Am Rand des roten Teppichs

Lexi steht auf der Serienpremiere in Berlin im Rampenlicht, während Robin wie immer hinter der Kamera aktiv ist. Wie geht es ihr damit? Verfasse einen inneren Monolog, in dem du Robins Gedanken und Gefühle anschaulich schilderst.

Robin und *Ole4000*

Lexi bemerkt, wie Robin auf der Serienpremiere in Berlin mit *Ole4000* redet. Robin berichtet Lexi von einem harmlosen Verlauf des Gesprächs, wirkt aber aufgewühlt. Meinst du, der Austausch ist wirklich so abgelaufen, wie Robin behauptet? Stelle Vermutungen an.

Kreativ aktiv

Mein liebster Influencer / Meine liebste Influencerin

Wem folgst du und warum? Erstelle einen Steckbrief deines liebsten Influencers / deiner liebsten Influencerin und präsentiere ihn der Klasse. Überzeuge deine Mitschüler, ihm / ihr auch zu folgen.

Schön mit X?

Magic Girl macht Werbung für Haarseife. Kennst du noch andere Influencer, die Pflegeprodukte präsentieren (z. B. deinbeautyguru, joshuamonis)? Wofür würdest du werben? Drehe ein Video, das ein Produkt deiner Wahl in den Fokus rückt. Denke daran, es wie Robin vorab zu planen.

FaktenFayz gegen Fake News

Fayz engagiert sich mit seinem Kanal gegen Fake News. Recherchiere zu dem Begriff. Nenne mögliche Gefahren und zeige Wege auf, Falschnachrichten zu bekämpfen.

Linktipp zu Deepfakes: *https://www.sueddeutsche.de/kultur/deepfakes-videos-internet-1.4231830*

Methode „Warme Dusche"

Analog zur „Lovespeech" auf Social Media gibt es die „Warme Dusche" im echten Leben. Ziel ist, sich gegenseitig motivierendes Feedback zu Eigenschaften oder Verhalten zu geben. Statt Phrasen sollen konkrete Situationen beschrieben werden, in denen eine Person positiv aufgefallen ist.

Eine empfehlenswerte Variante ist die „Rückendusche", bei der man auf dem Rücken eines Schülers einen Zettel befestigt, auf dem die anderen ihre Kommentare hinterlassen. Auf dem Zettel kann ein Satzanfang notiert sein, z. B. „Mir ist an dir aufgefallen, dass …" oder „Ich finde gut, dass du …". Es ist darauf zu achten, dass das Feedback gleichmäßig auf die Schüler verteilt wird. Während der Übung spricht man nicht, es kann Musik laufen.

Magic-Girl-Merch

Robin hat ein T-Shirt für die Fans von *Magic Girl* gestaltet. Wie könnte es aussehen? Zeichne deinen Entwurf.

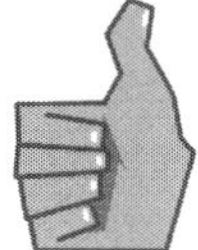

Ole4000

Mit zunehmender Reichweite kommt nicht nur positives Feedback, sondern das virale Video von *Magic Girl* wird auch kritisiert. Besonders trifft Robin ein Vorwurf des Influencers *Ole4000.* Wer ist er?

1. Erstelle einen Steckbrief über *Ole4000.*

a) Lies hierfür das 6. Kapitel und notiere die gefragten Informationen.
b) Ergänze den Steckbrief um drei weitere Kategorien, die deiner Ansicht nach noch fehlen, und fülle sie ebenfalls mit Stichworten. Diese können auch erfunden sein.

Alter: ______

Followerzahl: ______

Markenzeichen: ______

Inhalt seines Kanals: ______

2. Bewerte, ob Ole als erfolgreicher Influencer bezeichnet werden kann und welche Kriterien deiner Meinung nach dafür wichtig sind.

3. Führt ein Klassengespräch: Warum postet Ole das Video, in dem er *Magic Girl* als Copycat bezeichnet? Welche Folgen hat es für Lexi und Robin?

4. Sprich mit deinem Partner über das Ausmaß der Hassnachrichten (z. B. von *Feuereike),* das im 6. Kapitel erstmals deutlich wird. Wie reagieren Lexi und Robin darauf?

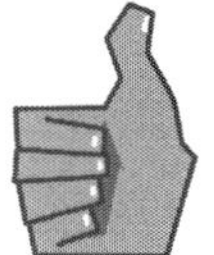

Influencer sein – Fluch oder Segen?

1. Lies den Text und markiere die wichtigsten Informationen.

Der Begriff „Influencer“ stammt vom englischen Verb „to influence“ ab, das „beeinflussen“ bzw. „prägen“ bedeutet. Ein Influencer ist eine Person, die digitale Inhalte erstellt, veröffentlicht und erfolgreich verbreitet. Das passiert oft in Texten, Bildern oder Videos, dem sogenannten Content. Der Unterschied zu anderen Nutzern von Social Media ist die hohe Reichweite der Beiträge. Inzwischen betrachten manche den weit gefassten Begriff als abwertend. Wer seinen Followern echten Mehrwert bietet, nennt sich deshalb lieber Content-Creator. Auch im beruflichen Kontext wird die professionelle Bezeichnung verwendet, um zu zeigen: Es ist ein richtiger Job, hinter dem viel Arbeit steckt. Dieser neue Beruf verbindet journalistisches Talent mit Werbung im Netz. Da er noch nicht lange existiert, gibt es keine spezielle Ausbildung.

Das Ziel von Content-Creators und Influencern ist, ihr digitales Publikum zu erreichen, zu unterhalten und stets zu vergrößern.

2. Arbeite weitere Informationen über die Tätigkeit als Influencer aus den Kapiteln 6 bis 8 heraus und sammle positive sowie negative Aspekte. Ergänze eigene Gedanken (keine Internetrecherche). Trage stichpunktartig in die Tabelle ein.

Positive Aspekte	Negative Aspekte

3. Nimm begründet Stellung, ob ein Leben als Influencer deiner Meinung nach Fluch oder Segen ist. Schreibe ins Heft.

Der rote Teppich

Die Schwestern sind auf einer Serienpremiere in Berlin. Eigentlich hat sich Lexi darauf gefreut, doch vor dem Interview mit einer Social-Media-Moderatorin wirkt sie gestresst.

1. Beschreibe Lexis Erfahrung mit dem ersten Interview (9. Kapitel).

2. Welche Gedanken beschäftigen Lexi und wovor hat sie Angst? Formuliere drei Fragen, die ihr durch den Kopf gehen könnten.

3. Notiere drei Tipps für Lexi, wie sie sich entspannen und gegen die negativen Gedanken ankommen kann.

4. Du bist als Reporter vor Ort und willst mehr von Lexi wissen als die Moderatorin auf dem roten Teppich. Welche vier Fragen stellst du ihr? Schreibe sie auf.

5. Stelle deinem Partner die in Aufgabe 4 formulierten Interviewfragen. Er antwortet darauf aus Lexis Sicht.

Ein neues *Magic Girl*?

Auf der Premiere in Berlin trifft Lexi auf Fayz, im Netz bekannt als *FaktenFayz*. Daraufhin denkt sie über *Magic Girls* Social-Media-Auftritt nach.

1. Was stört Lexi an *Magic Girl?* Lies auf Seite 42/43 nach und fasse ihre Kritik zusammen.

2. Kreuze an, wie Robin auf Lexis Vorschlag reagiert, sich mit ihrer steigenden Reichweite für etwas Sinnvolles einzusetzen.

☐ begeistert ☐ nachdenklich ☐ ablehnend ☐ offen

3. Mit welchen Argumenten versucht Robin, Lexi von ihrer Meinung zu überzeugen? Lies auf den Seiten 43 bis 46 nach und notiere.

4. Lexi ist nach dem Gespräch mit Robin immer noch unsicher. Sie wendet sich in einer Textnachricht an Fayz, in der sie ihm ihre Gedanken schildert. Verfasse diese Nachricht.

Plötzlich reich

Mit 250 000 Followern kommt nicht nur der Erfolg, sondern auch die ersten Einnahmen.

1. Wofür geben die beiden Mädchen das Geld aus (11. Kapitel)? Was würdest du dir davon kaufen? Schreibe auf.

____

____

____

____

2. Recherchiere, wie viel Menschen in den folgenden Berufen im Durchschnitt monatlich verdienen. Notiere deine Ergebnisse.

a) Kellner/Kellnerin in einem Café: ______________________

b) Maurer/Maurerin: ______________________

c) Arzt/Ärztin: ______________________

d) Lehrer/Lehrerin: ______________________

e) Influencer/Influencerin mit hoher Reichweite: ______________________

3. Trage die Einkommen in Form von Balken in das Diagramm ein und setze sie so in ein Verhältnis zueinander.

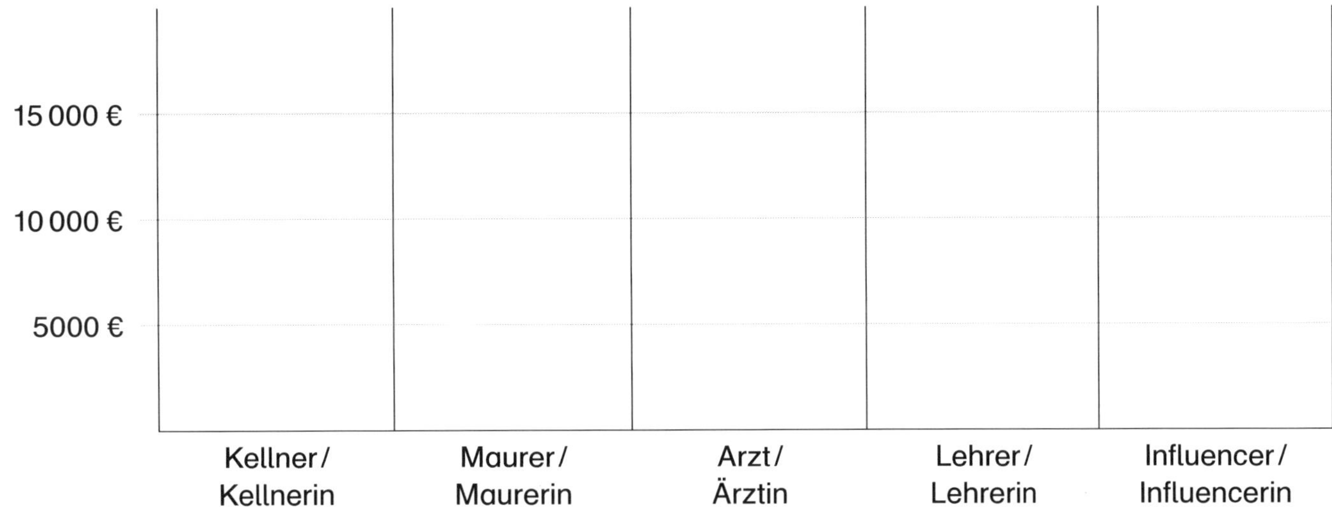

4. Findest du, dass die Einnahmen von erfolgreichen Influencern gerechtfertigt sind? Tausche dich mit deinem Partner darüber aus. Beziehe dabei auch deine Ergebnisse aus Aufgabe 3 mit ein.

Ein hilfsbereiter *Dallas Cowboy?*

Robin hat sich von anderen Influencern inspirieren lassen und ein T-Shirt entworfen, auf dem *Magic Girl* abgebildet ist. Der Transport des Kartons mit den Kleidungsstücken von der Post bis zu ihrer Wohnung stellt sich jedoch als schwierig heraus. Gestalte Robins Weg als Comic.

1. Lies das 14. Kapitel und gliedere es in vier Abschnitte. Mach dir für jeden Abschnitt Notizen in deinem Heft zu den folgenden Fragen.

Welche Personen treten auf und in welcher Stimmung sind sie?
Was wird gesprochen und gedacht? Versuche, Originalzitate zu verwenden.
Welche Gegenstände sind wichtig?
Was befindet sich im Hintergrund?

2. Zeichne ausgehend von deinen Vorarbeiten einen Comic zur Paketszene. Wähle passende Blasen aus.

3. Präsentiere deinen Comic vor der Klasse.

15. bis 20. Kapitel: Alles für den Erfolg?

Inhalt

(15) Robin und Lexi sind für einen Werbetermin in Berlin, als sie ihr Ziel erreichen: 500 000 Follower. Während Lexi sich freut und Robin mit einer Torte überrascht, denkt diese schon daran, wie sie die Million knacken können. Sie möchte immer spektakuläreren Content produzieren, weshalb sie Lexi dazu überredet, Base-Flying zu machen.

(16) Lexi ist vor dem Base-Flying unsicher, weil sie nichts von Robins Plan wusste und keine Zeit hatte, über die Gefahren nachzudenken. Während des Falls erlebt sie einen intensiven Nervenkitzel. Sie landet sicher und voller Euphorie auf dem Boden. Doch Robin fordert sie erneut heraus, indem sie Lexi zu einem zweiten Sprung drängt, um ihn aus verschiedenen Winkeln filmen zu können.

(17) Auf dem Produktevent des Herstellers der Haarseife, für die Lexi wirbt, reflektiert sie über den zunehmenden Druck und die Erwartungen durch ihre steigende Followerzahl. Der Abend wird von einem unangenehmen Aufeinandertreffen mit *Ole4000* überschattet: Ole provoziert Lexi, indem er sie bittet, ihm noch einmal *Magic Girls* Drehung zu zeigen. Als Lexi ihn auffordert, seine Angriffe auf *Magic Girl* einzustellen und seine Follower zu einem respektvolleren Verhalten aufzurufen, informiert er sie, dass seine Parodien mit Robin abgesprochen sind. Lexi fühlt sich von ihrer Schwester bloßgestellt.

(18) Lexi erfährt, dass der Streit mit Ole und seine Parodien Teil einer von Robin und ihm inszenierten Kampagne sind. Sie ist enttäuscht und wütend, weil Robin das ohne ihr Wissen eingefädelt hat. Diese verteidigt ihre Entscheidung und argumentiert, die Auseinandersetzung mit Ole habe die Followerzahl rasend schnell erhöht. Lexi möchte trotzdem nicht mehr mitmachen. Ihr bleibt allerdings keine Wahl, weil sie erst den Vertrag mit der Marke erfüllen müssen. Die Schwestern entscheiden, mit einer eigenen Parodie auf Ole zu reagieren, um den Vertrag einzuhalten und gleichzeitig zurückzuschlagen. Robin verspricht, Lexi ab jetzt in alle Entscheidungen miteinzubeziehen.

(19) Die Schwestern parodieren Ole, womit sie sich auf sein Niveau begeben. Aber zumindest bekommt Lexi das Gefühl, Kontrolle über die Lage zurückzugewinnen. Sie schlägt vor, dass sie sich eine Auszeit nehmen und gemeinsam mit ihrem Vater einige Tage an die Ostsee fahren.

(20) Die Schwestern und Joris genießen ihren Kurzurlaub. Robin fällt es schwer abzuschalten und sie checkt die Reaktionen auf den neuesten Beitrag. Die Parodie von Oles Video erreicht viele Nutzer, aber mit der Aufmerksamkeit kommen auch weitere Hassnachrichten. Als ein Mädchen Lexi am Strand erkennt, wird ihr klar, dass eine Auszeit von *Magic Girl* nicht mehr möglich ist.

Unterrichtsschwerpunkte

- mit einem Sachtext arbeiten
- über eine gesunde Work-Life-Balance reflektieren
- Beziehungen zwischen Figuren veranschaulichen
- Wortschatz mithilfe eines Kreuzworträtsels sichern
- die Methoden von Influencern bewerten

Zu den Kopiervorlagen

KV Seite 28

***Magic Girl* beim Base-Flying**

Als Robin ihre Schwester zum Base-Flying auffordert, denkt Lexi an all die Unfälle, die beim Drehen von Content schon passiert sind. Das bietet die Gelegenheit, diesen Aspekt von Social Media im Unterricht zu behandeln. Zum Einstieg lesen die Schüler einen Artikel über Gefahren von Social-Media-Drehs. Indem sie die Überschriften passend zuordnen, beweisen sie ihr Textverständnis.

Im Anschluss beschäftigen sich die Jugendlichen näher mit Lexis Gefühlen beim Base-Flying: Sie sortieren ihre Gedanken und Empfindungen vor, während und nach dem Sprung. Die weiterführende Anregung „Achterbahn der Gefühle“ finden Sie in der Rubrik „Kreativ aktiv“, S. 27. Sprechen Sie abschließend mit der Klasse über diese Art von Nervenkitzel: „Wie weit gehe ich für den perfekten/spektakulärsten Content?“

Lösung

Aufgabe 1:

Studie zeigt Gefahren von Selfies: Facebook, Instagram, TikTok (…)
Gefährlicher Drang nach Aufmerksamkeit: Der Wunsch nach spektakulären Beiträgen (…)
Tipps für sicheres Verhalten beim Selfie-Machen: Um Unfälle zu vermeiden (…)

Aufgabe 2:

vor dem Sprung (rot): Kopfkino; schwindelig und übel; „Irrsinn!“; ängstlich
währenddessen (gelb): irres Kribbeln; alles zieht wie im Rausch vorbei; die Zeit steht still; Gefühl, ihr Innerstes würde sich um die eigene Achse drehen; „Stopp, stopp, stopp, stopp!“
danach (grün): Adrenalin wirkt nach; begeistert

Robin im Hamsterrad

Mit steigender Reichweite häufen sich auch die Aufgaben, die bewältigt werden müssen. Obwohl es in der Lektüre Lexi ist, die ihren Alltag mit einem nie stillstehenden Hamsterrad vergleicht, ist Robin besonders betroffen davon, weil für sie der Kanal schon lange oberste Priorität hat. Die Schüler finden Textbelege, die die permanente Belastung von Robin zeigen. Die Erkenntnisse regen auch zum Weiterdenken an, welche längerfristigen Folgen ihre Arbeitsweise haben kann.

Im Klassengespräch machen sich die Jugendlichen bewusst, dass es Lexi wichtiger ist, Events zu genießen. Im Anschluss können sie einen Kompromiss für die Schwestern aushandeln, damit beide mit dem Abend zufrieden sind. Schließlich tauschen sie sich über ihre eigene Work-Life-Balance aus. Ergänzend eignet sich die Anregung „Work-Life-Balance in Gefahr?“ unten rechts.

Lösung

Aufgabe 1:

a) z. B.

1. „Lass mich noch ein Video machen.“
2. Robin überlegte bereits, wie sie *Magic Girl* noch erfolgreicher machen konnten.
3. Für sie hieß es immer nur: schneller, größer, weiter.
4. Würde Robin sich jemals zufriedengeben?

b) z. B. dauerhafter Stress, ständiger Leistungsdruck, Überarbeitung, Erfolge nicht mehr genießen können, nicht abschalten können

Aufgabe 2:

Lexi genießt das gute Essen und die Location, ist dankbar für die Einladung und etwas ungläubig, dabei zu sein („krönender Abschluss des absolut irren Tages“, „Chance, es bis hierher zu schaffen, war extrem gering gewesen“). Sie sieht es als Privileg und möchte den Moment mit ihrer Schwester ohne Kamera genießen.

Lexis Lieblingsmenschen

Während Robin neben ihrer Familie und der Community nur wenig Kontakt zu ihren Mitmenschen hat, steht Lexi auf unterschiedliche Art und Weise mit den anderen Figuren in Verbindung. Durch die Vorstrukturierung mit Lexi als Dreh- und Angelpunkt in der Mitte des Arbeitsblatts werden die Schüler angeleitet, ihre Beobachtungen zu den Beziehungen grafisch umzusetzen. Pfeile und passende Symbole veranschaulichen die notierten Stichworte.

Den ersten Teil der Aufgabe (a) können die Jugendlichen am Ende dieses Abschnitts bearbeiten (bis einschließlich 20. Kapitel). Im Roman folgen mehrere wichtige Ereignisse, die dann im weiteren Verlauf der Lektüre ergänzt werden (b), z. B. der heftige Streit mit York bzw. Robin und die sich vertiefende Verbindung mit Fayz. Die Beziehungen der vier äußeren Figuren zueinander sollten im Unterrichtsgespräch kurz thematisiert werden.

Lösung

Die Lösung finden Sie auf Seite 27.

Ein Rätsel für alle *Magic Girls* und *Boys*

Setzen Sie dieses Arbeitsblatt ein, um den Unterricht aufzulockern. Die Schüler lösen das Kreuzworträtsel, indem sie (zumeist englische) Begriffe rund um Social Media eintragen. Rätselprofis können sich im Anschluss ein eigenes Kreuzworträtsel oder ein Quiz ausdenken. Wer seine Vokabelliste fleißig geführt hat, dem fällt das besonders leicht.

Lösung

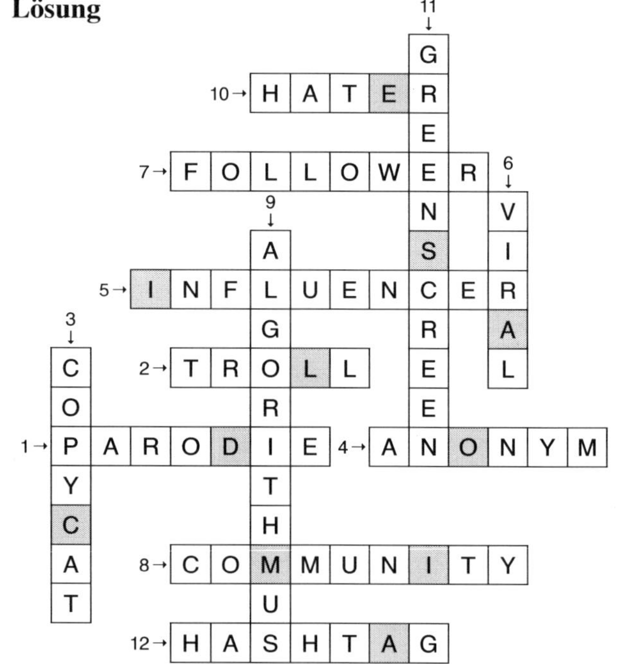

Lösung: SOCIAL MEDIA

Gesprächs- und Schreibanlässe

Work-Life-Balance in Gefahr?

Was sind Stressfaktoren in deinem Leben? Was machst du, um dich zu entspannen? Gibt es Methoden, die dabei helfen, die anstehende Arbeit möglichst effektiv zu bewältigen? Sammle Tipps für eine ausgewogene Work-Life-Balance.

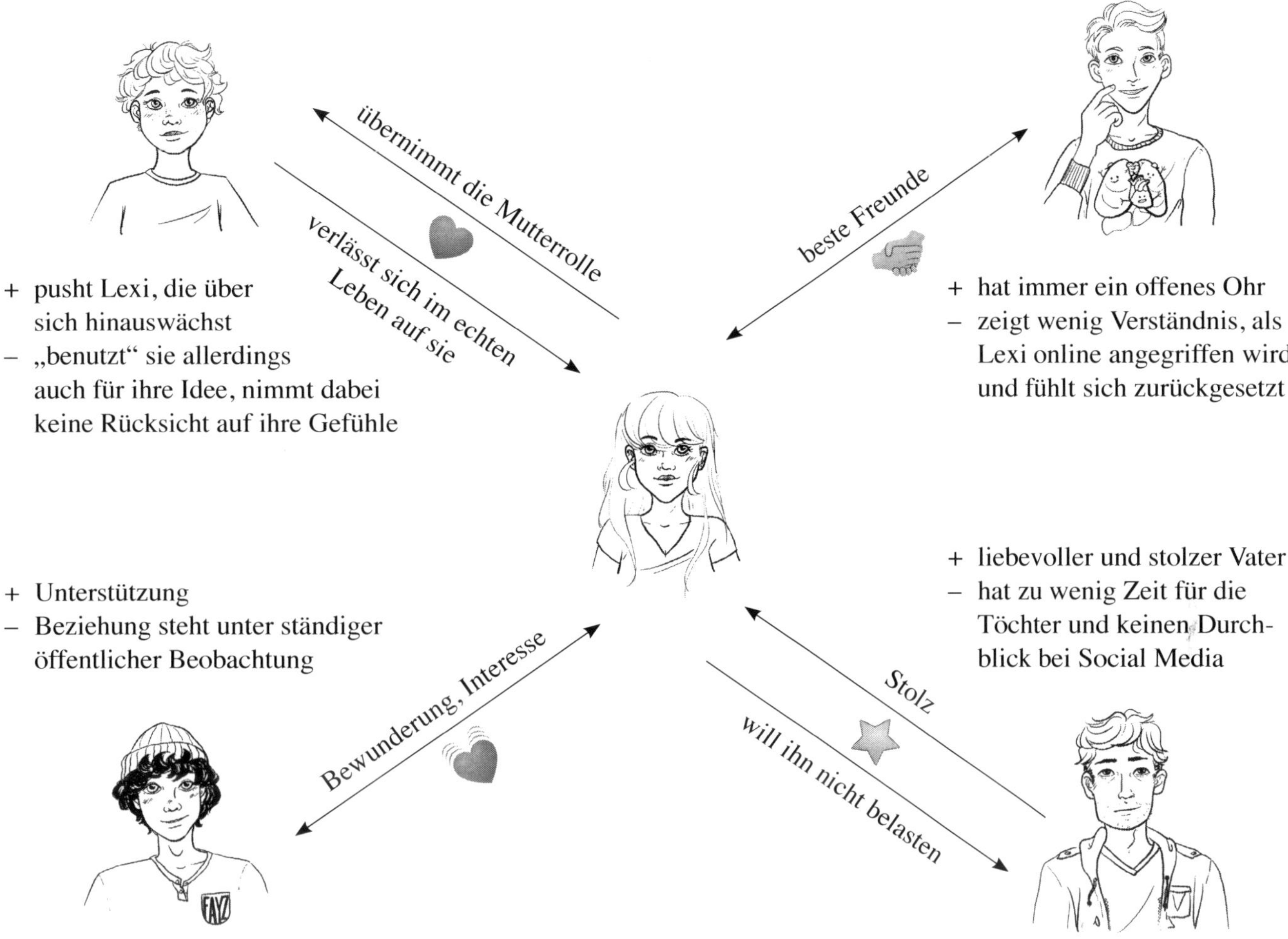

Robins Deal mit Ole

Ohne Lexis Einverständnis hat Robin zugestimmt, mit Ole zusammenzuarbeiten. Wie ist das Gespräch zwischen den beiden wohl abgelaufen? Verfasse den Dialog gemeinsam mit einem Partner. Achtet darauf, die Sprechweisen und Absichten von Robin und Ole zu berücksichtigen. Tragt euren Dialog der Klasse vor.

Lexi ist gegen den Betrug

Als Lexi von dem Deal mit Ole erfährt, ist sie sauer auf Robin und fühlt sich von ihr hintergangen. Sie hat kein gutes Gefühl dabei, ihre Follower zu belügen. Wie bewertest du die Methode, mehr Follower anzulocken? Kennst du weitere Tricks, wie Influencer eine größere Reichweite bekommen? Wie findest du die Idee, Oles Parodie zu parodieren?

Auszeit

Lexi besteht darauf, dass Robin, ihr Vater und sie gemeinsam als Familie eine Auszeit nehmen. Sie machen einen Kurzurlaub an der Ostsee. Wo oder wie nimmst du dir eine Auszeit?

Kreativ aktiv

Keine Selfies erlaubt!

Selfie-Verbote werden nicht nur zum Schutz der Influencer ausgesprochen. Überlegt in Gruppen, aus welchen Gründen noch Zonen für Selfies gesperrt werden könnten. Recherchiert anschließend zum Fall Königssee und gestaltet aus euren Ergebnissen einen Flyer oder eine Broschüre, um über die Problematik aufzuklären.

Linktipp: *https://www.rnd.de*, Stichwort: „Selfie-Hotspot Königssee“

Achterbahn der Gefühle

Beim Base-Flying schwanken Lexis Empfindungen stark. Stelle ihre Gefühle und Gedanken als Achterbahn dar. Gibt es Kurven oder sogar Loopings? Zeichne die Achterbahn ins Heft und beschrifte sie mit Stichworten vom Arbeitsblatt „*Magic Girl* beim Base-Flying“, Aufgabe 2.

Magic Girl beim Base-Flying

Lexi ist nicht begeistert von Robins Idee zur Feier der 500 000 Follower. *Magic Girl* beim Base-Flying – muss das sein?

1. Lies den Artikel über die Gefahren von Social-Media-Drehs und ordne die Zwischenüberschriften passend zu.

Gefährlicher Drang nach Aufmerksamkeit | Tipps für sicheres Verhalten beim Selfie-Machen | Studie zeigt Gefahren von Selfies

____

Facebook, Instagram, TikTok – diese Plattformen sind voller Beiträge, in denen waghalsige Dinge getan werden. Ob das illegale Mitfahren auf dem Dach eines Zuges, große Nähe zu Wildtieren oder das Klettern auf Hochhäuser: Manche machen alles für das perfekte Selfie. Dadurch bekommen sie viele Likes, Kommentare und damit Aufmerksamkeit. Der Trend in den sozialen Netzwerken hat aber auch negative Folgen. Eine Studie hat gezeigt, dass Menschen beim Selfie-Machen immer wieder in Gefahr geraten. Die Forscher haben Zeitungsartikel analysiert, die die Begriffe „Selfie Todesfälle", „Selfie Unfälle" und „Selfie Sterblichkeit" enthalten. Dabei haben sie herausgefunden, dass in wenigen Jahren weltweit mehr als 250 Personen ums Leben gekommen sind. Die Dunkelziffer ist wahrscheinlich noch höher.

____

Der Wunsch nach spektakulären Beiträgen führt zu risikoreichem Handeln. Menschen suchen den Nervenkitzel und ignorieren Warnschilder. Für das perfekte Foto wird die eigene Sicherheit vernachlässigt. Die Unfälle ereignen sich an Orten wie Klippen, Bahnstrecken oder auf hohen Gebäuden. Neben der häufigsten Todesursache durch Ertrinken werden Menschen regelmäßig von Fahrzeugen überfahren oder stürzen aus großer Höhe. Die Verstorbenen sind im Durchschnitt knapp 23 Jahre alt und Männer sind öfter Opfer als Frauen.

____

Um Unfälle zu vermeiden, gilt es, Warnschilder und Absperrungen zu beachten. Alle sollten über Risiken aufgeklärt werden, aber auch ein Bewusstsein für die Folgen ihrer Handlungen entwickeln und die Sicherheit ihrer Mitmenschen wahren. Die Verfasser der Studie empfehlen die Einrichtung von „No-Selfie-Areas", um tragische Unfälle zu verhindern. Ob mit oder ohne Verbot: Es ist am besten, gefährliche Orte zu vermeiden. Niemand sollte für Anerkennung in den sozialen Medien sein Leben riskieren.

Robin schafft es wie immer, Lexi zu überreden. Diese durchlebt beim Base-Flying eine regelrechte Achterbahn der Gefühle.

2. Lies das 16. Kapitel und markiere unten, wie Lexi sich fühlt und welche Gedanken ihr durch den Kopf gehen: vor dem Sprung (rot), währenddessen (gelb) und danach (grün).

Adrenalin wirkt nach | irres Kribbeln | Kopfkino | alles zieht wie im Rausch vorbei

schwindelig und übel | die Zeit steht still | begeistert | „Irrsinn!"

Gefühl, ihr Innerstes würde sich um die eigene Achse drehen | ängstlich | „Stopp, stopp, stopp, stopp!"

Robin im Hamsterrad

Lexi und Robin sind zu Gast auf dem Event des Herstellers der Haarseife, für die *Magic Girl* in ihren Videos Werbung macht. Ist diese Art von Veranstaltung Arbeit oder Freizeitvergnügen?

1. Lies das 17. Kapitel: Das Hamsterrad dreht sich immer schneller und Robin scheint den Absprung nicht zu schaffen.

a) Finde vier Textbelege, die zeigen, dass Robin das Event nicht genießen kann, da sie nur an die Arbeit denkt. Schreibe sie in die Kästchen im Hamsterrad.
b) Welche negativen Folgen kann Robins Arbeitsweise längerfristig haben? Schreibe sie um das Hamsterrad herum.

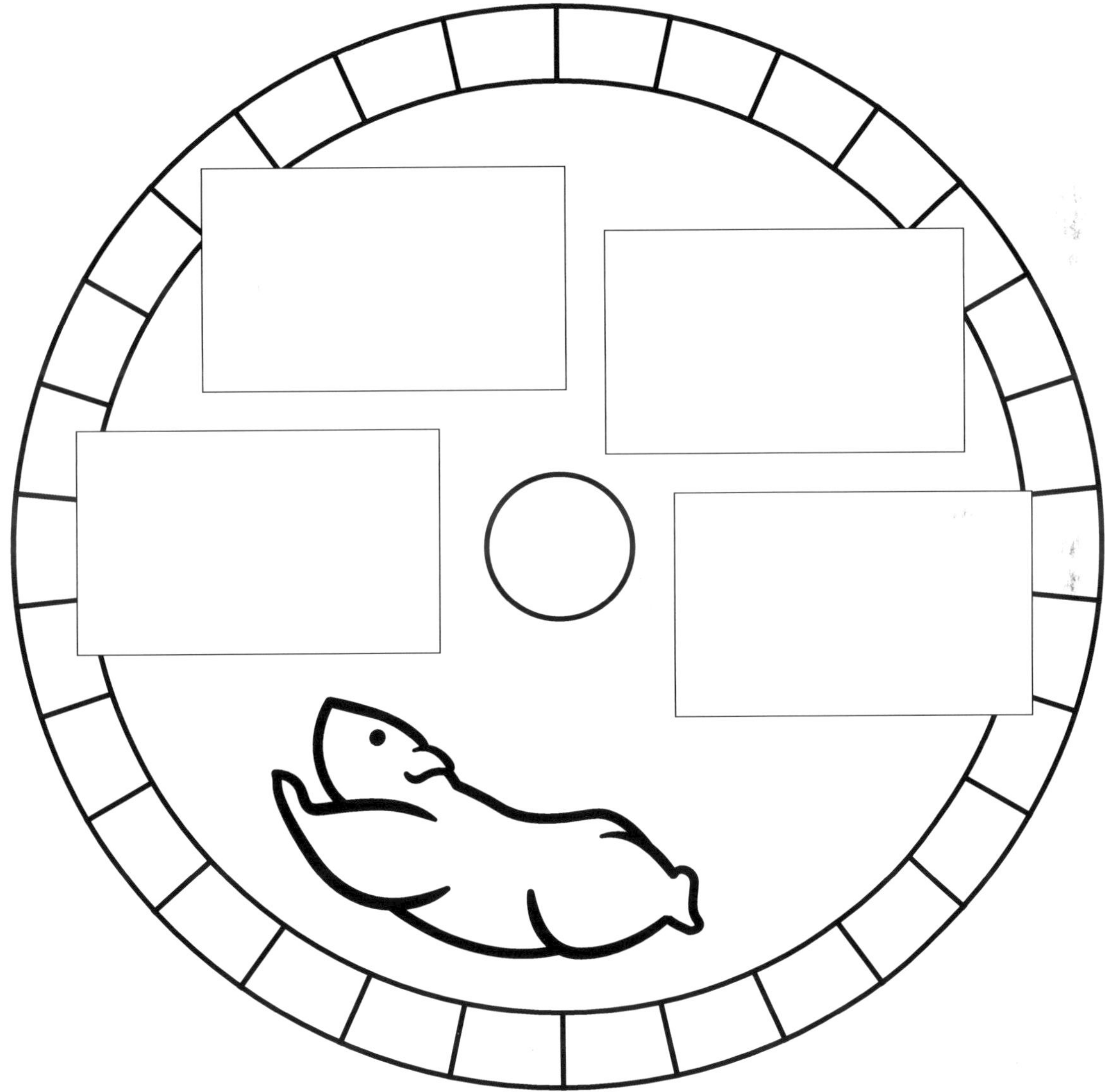

2. Wie verbringt Lexi den Abend und was denkt sie über die Einladung zu diesem Event? Sprecht darüber.

3. Empfindest du eher wie Lexi oder eher wie Robin? Bist du zufriedener, wenn dein Tag voll mit Terminen und Aktivitäten ist, oder brauchst du viel freie Zeit? Tausche dich mit deinem Partner aus.

Lexis Lieblingsmenschen

Mehrere enge Beziehungen geben Lexi Kraft, aber es kommt auch zu Konflikten.

a) Erstelle eine Personenkonstellation mit Informationen bis einschließlich 20. Kapitel. Veranschauliche die Beziehungen zwischen Lexi und ihren Mitmenschen mit Pfeilen und Symbolen.
b) Ergänze im Laufe der Lektüre jeweils den dir am wichtigsten erscheinenden positiven sowie negativen Aspekt, der die Beziehungen der anderen Figuren zu Lexi ausmacht. Notiere deine Ergebnisse auf den Schreiblinien.

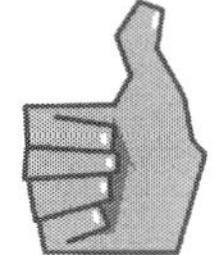

Ein Rätsel für alle *Magic Girls* und *Boys*

Wie gut kennst du dich in *Magic Girls* Welt aus? Teste dich und löse das Kreuzworträtsel.

1. Wie nennt man eine witzige, spöttische Nachahmung von etwas?
2. Online-Störenfried, der absichtlich Ärger verursacht und heißt wie ein Fabelwesen.
3. Tierische Bezeichnung für einen Nachahmer.
4. So bewegt man sich im Internet, wenn man seinen Namen geheim hält.
5. Eine Person, die im Netz sehr erfolgreich Inhalte teilt.
6. Wie nennt man es, wenn sich im Internet etwas so schnell verbreitet, als wäre es ansteckend?
7. Ein anderes Wort für Fans in sozialen Netzwerken.
8. Robin hat keine Freunde im echten Leben, dafür hat sie ihre … im Internet.
9. Er entscheidet, welche Inhalte du auf Social Media zu sehen bekommst.
10. Nach den Videos von *Ole4000* müssen sich Lexi und Robin mit ihnen auseinandersetzen.
11. Mit seiner Hilfe kann *Magic Girl* durch fremde Welten fliegen, obwohl Lexi und Robin im Wohnzimmer gedreht haben.
12. Was fehlt? Fayz verwendet das … MagicGirlHatMichVerzaubert.

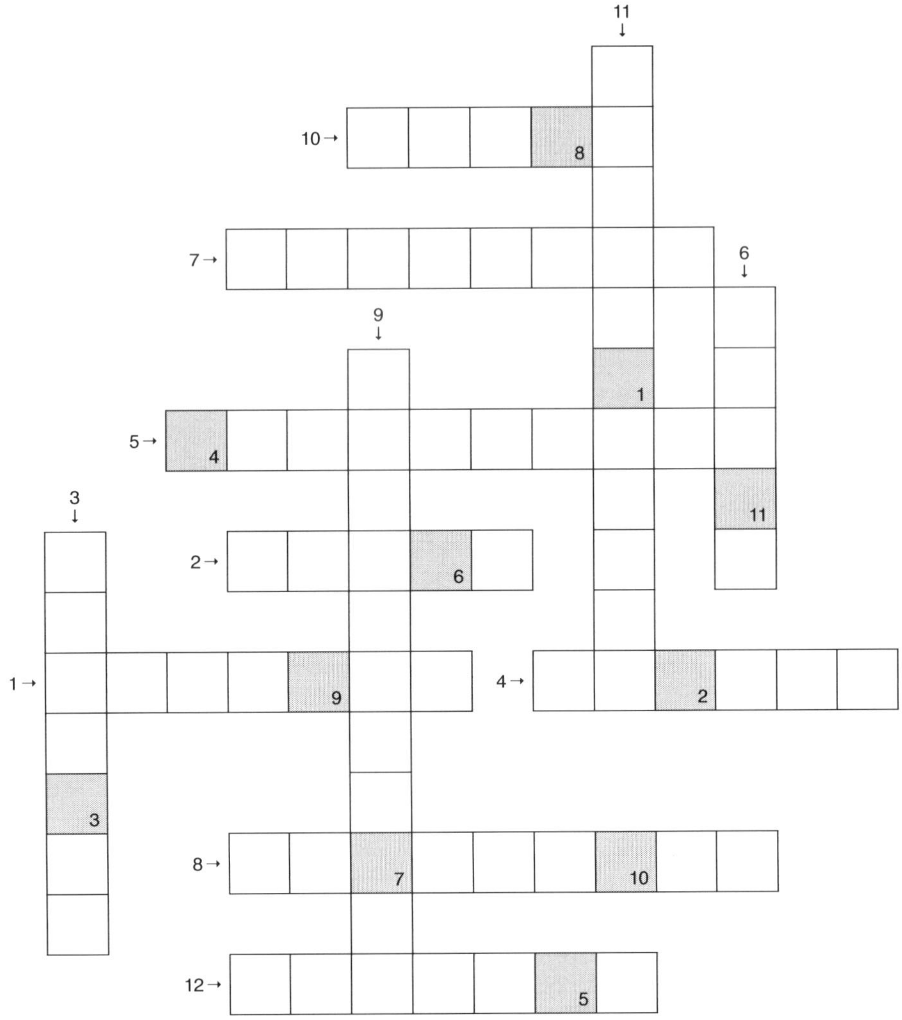

11 ↓ 10 → 8 7 → 6 ↓ 9 ↓ 1 5 → 4 3 ↓ 11 2 → 6 1 → 9 4 → 2 3 8 → 7 10 12 → 5

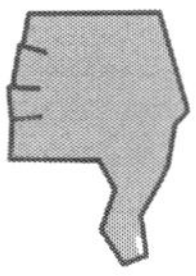

Lösung:

1	2	3	4	5	6		7	8	9	10	11

21. bis 25. Kapitel: Zwei Schwestern, zwei Meinungen

Inhalt

(21) Lexi kommt zu spät zu ihrer Schicht ins Café, entschuldigt sich bei York und schenkt ihm einen Hoodie von *FaktenFayz* als Urlaubsmitbringsel und Wiedergutmachung. York reagiert verhalten und Lexi vermutet, dass er eifersüchtig auf Fayz ist. Er ist jedoch besorgt wegen eines beleidigenden Online-Posts über Lexi, der behauptet, ihre Schwester Robin sei der eigentliche Kopf hinter dem erfolgreichen Kanal. Dazu hat *Feuereike,* einer von Oles fanatischen Fans, ein privates Video von Lexi und Robin veröffentlicht. Als Lexi bewusst wird, wie sehr er damit in ihre Privatsphäre eingedrungen ist, kann sie ihre Schicht nicht antreten. York reagiert enttäuscht und fühlt sich von Lexi im Stich gelassen, was zu Spannungen zwischen den beiden führt. Lexi ist entschlossen, gegen die Angriffe vorzugehen und ihre Stimme als *Magic Girl* zu erheben.

(22) Lexi kehrt kochend vor Wut nach Hause zurück und entscheidet sich, live vor der Kamera zu sprechen, um sich gegen die Hasskommentare und Beleidigungen zu verteidigen. Sie betont, dass *Magic Girl* nur eine Fantasie ist und sie als Mensch respektiert werden möchte. Lexi spricht *Feuereike* direkt an und droht mit rechtlichen Schritten. Plötzlich wird die Liveübertragung unerwartet beendet und Lexi kann sich nicht erneut einloggen.

(23) Robin hat das Passwort geändert, um Lexi zu stoppen. Die Schwestern geraten in einen heftigen Streit über den Umgang mit den Hasskommentaren. Robin wirft Lexi vor, die Fans verschreckt und die Vereinbarungen der beiden gebrochen zu haben. Sie fordert von Lexi ehrliches Engagement für den Kanal. Der Streit eskaliert, als Robin Lexi beschuldigt, ihre Zukunft zu ruinieren. Sie reduziert Lexi in ihrer Wut auf deren gutes Aussehen und zeigt so, dass sie eifersüchtig darauf ist. Schließlich verlässt Lexi die Wohnung.

(24) Lexi rennt weinend die Treppe hinunter und sucht am Bachufer nach Ruhe. Die verletzenden Worte ihrer Schwester, der Druck durch die Follower und *Feuereike* belasten sie. Obwohl sie sich für ihren impulsiven Live-Rant schämt, fühlt sie, dass sie keine andere Wahl hatte. Lexi ist überlastet. Sie erkennt: So kann es nicht weitergehen.

(25) Lexi macht sich auf dem Rückweg Gedanken, ob sie jemand beobachtet oder verfolgt. Aus diesem Grund betritt sie das Haus durch den Hintereingang. Ihr Nachbar Maurice berichtet von einem Mann, der nach ihr gefragt hat. Besorgt bittet Lexi den Elfjährigen, zu Beweiszwecken ein Foto zu machen, falls der Mann zurückkehrt. Angespannt tritt Lexi hinaus auf den Bürgersteig – in der Erwartung, auf *Feuereike* zu stoßen. Doch dann erkennt sie erleichtert, dass es Fayz ist. Die zwei gehen spazieren und Lexi berichtet von ihren Sorgen und Ängsten. Fayz kann sie beruhigen und erzählt, wie er zu dem Thema seines Kanals gekommen ist. Lexi offenbart ihre Unsicherheit über ihre Zukunft. Fayz spricht ihr Mut zu und sie küssen sich zum ersten Mal.

Unterrichtsschwerpunkte

- Gefühle nachvollziehen und am Text belegen
- eine Rede gegen Hass im Netz verfassen und halten
- den Wandel im Verhältnis der Hauptfiguren analysieren
- ein Kommunikationsmodell anwenden
- eine Playlist erstellen
- zum Thema „Internet als rechtsfreier Raum?“ recherchieren

Zu den Kopiervorlagen

Freundschaft oder Business?
Im Zentrum dieses Arbeitsblatts stehen die Gefühle von Lexis bestem Freund York. Lexi fällt es immer schwerer, alles unter einen Hut zu bekommen. York ist enttäuscht, weil sie weniger Zeit für ihn und das Café seiner Eltern hat. Die Schüler veranschaulichen die Entwicklung seiner Emotionen im 21. Kapitel mithilfe eines Barometers und belegen ihre Einschätzung mit passenden Zitaten. Dann bewerten sie knapp Lexis Verhalten.

Im Anschluss an das Arbeitsblatt bietet es sich an, die Ergebnisse für einen Dialog zwischen York und seinen Eltern zu nutzen und das Gespräch vorzuspielen (siehe Anregung „Enttäuscht von Lexi“ in der Rubrik „Kreativ aktiv“, S. 35).

Lösung
Aufgabe 1:
Gefühlszustand 3: Wut; z. B. „Nur weil du über 'ne halbe Million Follower hast, heißt das nicht, dass alle hinter deinem Kanal zurücktreten müssen." (S. 98)
Gefühlszustand 2: Enttäuschung; z. B. „Deine Schicht geht gerade erst los!" (S. 97)
Gefühlszustand 1: Besorgnis; z. B. „Ich hab's gemeldet. Aber wer weiß, wie viele Leute das schon gesehen haben." (S. 95)

Aufgabe 2:
Lexi verlässt trotz Schuldgefühlen das Café und entscheidet sich somit für das Business und gegen die Freundschaft.

Rede gegen Hass im Netz
Für Lexi bringt die Verletzung ihrer Privatsphäre das Fass zum Überlaufen. Sie folgt ihrem ersten Impuls und macht ihrem Ärger online Luft. Zunächst vollziehen die Schüler nach, warum Lexi verärgert ist. Besprechen Sie, was es für die betroffene Person bedeuten kann, wenn jemand in ihren ganz persönlichen Bereich eindringt. Dann arbeiten die Jugendlichen Lexis Argumente aus der Lektüre heraus. Diese nehmen sie als Ausgangspunkt für eine lineare Erörterung zum Thema Hass im Netz, die sie als Rede ausformulieren und vor der Klasse halten.

Lösung
Aufgabe 1:
Robin hat Lexi mit ihren Worten verletzt.
Feuereike verletzt die Privatsphäre der Schwestern und verbreitet Hass im Netz gegen *Magic Girl*.
Lexi hat sich durch den Kontrollverlust auf das Niveau ihrer Hater begeben.

Aufgabe 2:
a) Bisher hat Lexi den Hass still ertragen und darüber „hinweggelächelt", aber das kann sie nicht mehr. Sie fordert, dass die Hetze, der Streit und die Beschimpfungen aufhören müssen.
Sie ist im Gegensatz zu *Magic Girl* – der Fantasiefigur – ein echter Mensch, der nicht beleidigt, belästigt und bedroht werden sollte.
Wenn man frustriert ist, darf man das nicht an anderen auslassen (auch nicht an Fremden im Internet).
Magic Girl steht eigentlich für Spaß, Freude und Liebe. Diese Message wird durch den Hass kaputtgemacht.
Die Hasskommentare bringen zwar Aufmerksamkeit und damit Klicks, aber der Preis dafür ist zu hoch. Sie weist auf ihr Alter hin und fordert, sie und ihre Schwester in Ruhe zu lassen.
Beleidigungen und Drohungen sind nicht nur im echten Leben, sondern auch online Straftaten, die verfolgt werden können.

b) z. B. Begründung: Denn unkontrollierter Hass im Netz kann erhebliche Auswirkungen auf die psychische Gesundheit von Menschen haben.
Beispiel: Lexi fühlt sich seit der großen Reichweite von *Magic Girl* und den vielen Hasskommentaren schlecht.
Begründung: Denn ein respektvolles und freundliches Online-Umfeld fördert auch die positiven Gefühle der Nutzer.
Beispiel: *Magic Girl* hilft Menschen dabei, ihren Sorgen zu entkommen. Das wird durch die Hasskommentare gestört.
Begründung: Denn es ist nicht nur ein schlechtes Verhalten, sondern kann auch rechtliche Konsequenzen haben.
Beispiel: Lexi hat den Post von *Feuereike* gemeldet und droht, rechtlich dagegen vorzugehen.

Heftige Anschuldigungen
Die Schüler stellen die parallel zur Bekanntheit von *Magic Girl* steigenden Auseinandersetzungen zwischen den Schwestern in einem Liniendiagramm dar. Die Informationen zu den Followern finden sie in den Kapiteln 5, 7, 11 und 15. Aus dem Diagramm lässt sich ablesen, dass sich der große Konflikt schon über längere Zeit angebahnt hat. An dieser Stelle bietet es sich an, die Veränderung in der Beziehung mithilfe von Standbildern zu veranschaulichen („Standbilder mit Robin und Lexi", Rubrik „Kreativ aktiv", S. 35).

Ein Experte für Konflikte und Missverständnisse ist der Kommunikationspsychologe Friedemann Schulz von Thun. Sein Modell kann auch auf literarische Konflikte angewandt werden. Besprechen Sie zunächst das Modell mit den Schülern. Links zu einem hilfreichen Video und zum Kommunikationsquadrat, das für die Lösung benötigt wird, finden Sie unten.

Zentral an Schulz von Thuns Modell ist, dass jede Nachricht auf vier unterschiedliche Arten gesendet und empfangen werden kann. Es gibt den Sachinhalt (die reine Information), den Appell (was ich von dir fordere), die Selbstkundgabe (was ich von mir zu erkennen gebe) und den Beziehungshinweis (wie ich zu dir stehe). Zum Konflikt kommt es, wenn der Sender etwas anderes meint, als der Empfänger versteht. Das lässt sich auch beim Streit der Schwestern gut nachvollziehen. Die Schüler wählen eine Aussage von Lexi oder Robin aus und formulieren alle vier möglichen Ebenen der Nachricht. Schließlich markieren sie, was die jeweilige Sprecherin wohl tatsächlich meint und wie es beim Gegenüber ankommt.

Als Abrundung formulieren die Jugendlichen drei Tipps, wie sich Missverständnisse in der Kommunikation vermeiden lassen (siehe Gesprächsanlass „Tipps für gute Kommunikation“, S. 35).

Linktipps:

- *https://www.youtube.com,* Stichwort: Das Vier-Seiten-Modell (musstewissen Deutsch)
- *https://www.schulz-von-thun.de/die-modelle/das-kommunikationsquadrat*

Lösung

Aufgabe 1:

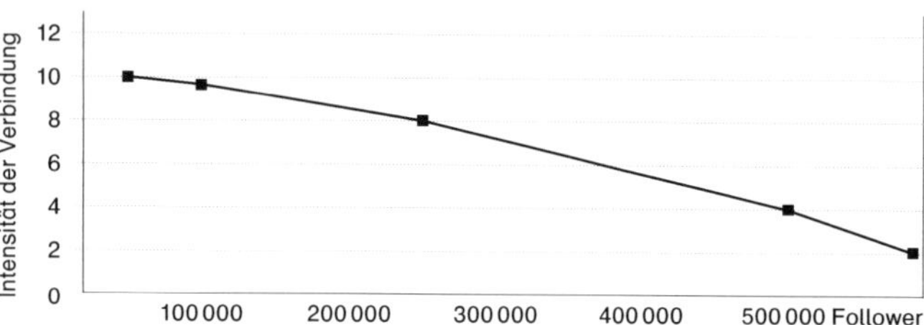

Aufgabe 2:

Magic Girls Erfolg bedeutet für die Schwestern, dass sie sich langsam voneinander entfernen, weil sie unterschiedliche Dinge wollen.

Aufgabe 3:

b) und c) Aussageabsicht, die wahrscheinlich dahintersteckt
Wie die Nachricht beim Empfänger ankommt

Lexi: „Du folgst deinem Plan blind und nimmst überhaupt nichts anderes mehr wahr.“ (S. 105)
z. B. *Sachinhalt: Du konzentrierst dich voll und ganz auf deinen Plan.*
Appell: Nimm auch mich und meine Bedürfnisse wahr!
Selbstkundgabe: Dein Plan *(Magic Girls* Erfolg) ist mir nicht so wichtig wie dir.
Beziehungshinweis: Ich mache mir Sorgen um dich, wenn du alles andere aus den Augen verlierst.

Robin: „Wenn ich das Glück hätte, so auszusehen wie du, hätte ich das alles auch ganz ohne dich hinbekommen.“ (S. 106)
z. B. Sachinhalt: Dein gutes Aussehen ist wichtig für den Erfolg des Kanals.
Appell: Erfülle deine Aufgabe!
Selbstkundgabe: Ich beneide dich um dein Aussehen.
Beziehungshinweis: Ich brauche dich nur, weil du gut aussiehst.

Futter für die Seele

Nach Lexis Wutausbruch und dem Streit mit Robin ist Fayz für sie da. Dabei beherrscht er etwas, was nicht alle können: gutes Zuhören. Die Schüler rekonstruieren den Gesprächsverlauf, indem sie die Satzteile passend verbinden. Dann übernehmen sie Lexis Perspektive und zeigen Fayz mit einer Playlist ihre Dankbarkeit. Wenn sie Kopfhörer haben, können sie die Songs im Unterricht recherchieren, ansonsten geben Sie Aufgabe 2 als Hausaufgabe auf.

Lösung

Aufgabe 1:

2. Fayz: „Die Frage kannst du dir nur selbst beantworten.“
5. Lexi: „Ich weiß es nicht einmal. Ich hab keine Talente, keine Leidenschaft, kein großes Ziel im Leben.“
4. Fayz: „Und was ist das?“
1. Lexi: „Ich weiß nicht, wie lange ich das mit dem Kanal noch machen will.“
6. Fayz: „Ich glaube, du weißt sehr genau, wer du bist und wer du sein möchtest.“
3. Lexi: „Ich wollte nur für meine Familie da sein. Aber dabei hab ich komplett aus den Augen verloren, was ich selbst möchte.“

Aufgabe 2:

individuelle Lösung bei der Songauswahl, mögliche Antworten auf die weiteren Fragen:

- Fayz schaut persönlich nach Lexi, nachdem er sie nicht erreicht hat, und versorgt sie mit Donuts.
- Er tröstet sie durch körperliche Nähe (umarmt sie mehrmals, küsst sie).
- Er bespricht die Situation mit Lexi und lässt ihr dabei Raum, selbst eine Lösung für ihre Probleme zu finden (Stichwort gutes Zuhören).
- Er teilt schwierige Erfahrungen mit ihr, was dazu führt, dass sich auch Lexi ihm öffnet (Tod der Tante / Tod der Mutter).

Studium oder roter Teppich?

Im 25. Kapitel durchlebt Lexi eine Bandbreite an Gefühlen, die die Schüler passend aus einem Wortspeicher auswählen. Mit Textbelegen begründen sie ihre Wahl. Lexi ist verunsichert, wie ihre Zukunft aussehen soll. In ihrem Gefühlschaos ist sie nicht fähig, eine Entscheidung zu treffen. Hier springen die Jugendlichen ein und überlegen für sie, ob sie mit *Magic Girl* weitermachen oder einen anderen Weg einschlagen soll. Lexis Gedanken über ihre Zukunft halten sie in einem Tagebucheintrag fest. Die Gefühle, Ängste und Zweifel der Figur dienen als Anregung für einen Austausch unter den Schülern.

Lösung
Aufgabe 1:
a) und b) z. B.
1. Angst: Immer wieder blickte Lexi über die Schulter, um sicherzugehen, dass ihr niemand folgte. (S. 108)
2. Wut: Auf einmal fühlte sie sich in ihrer eigenen Straße nicht mehr sicher – und das ließ erneut die Wut in ihr aufkochen. (S. 108)
3. Geborgenheit: Fayz zog sie erneut an sich. Wärme durchströmte Lexis gesamten Körper. (S. 115)
4. Erleichterung: „Was machst du hier?", fragte Lexi. Eine Welle der Erleichterung durchflutete ihren Körper. (S. 110)
5. Verwirrung: Ihre Gefühle ließen sich unmöglich in Worte fassen. Vor allem jetzt nicht, da er (…) solch einen emotionalen Wirbelwind in ihr verursacht hatte. (S. 110 / 111)

Aufgabe 3:
z. B. Der Tag heute war eine emotionale Achterbahnfahrt: die Aktion von *Feuereike* mit dem privaten Video von Robin und mir, der Ärger mit York, der Live-Rant. Der krasse Streit mit Robin hat mich dann endgültig aus der Bahn geworfen. Zum Glück kam Fayz vorbei und hat mir zugehört. Ich weiß jetzt endlich, was mir wirklich wichtig ist! Es geht mir nicht darum, berühmt oder erfolgreich zu sein. Ich will für meine liebsten Menschen da sein. Ich will etwas Gutes tun in einer Welt, die manchmal düster und beängstigend ist. Auch wenn ich noch keine klare Vorstellung von meiner Zukunft hab, das steht fest: Ich verbiege mich nicht mehr, um den Erwartungen anderer gerecht zu werden. Jetzt geht es mal um meine eigenen Wünsche und Bedürfnisse! Robin muss ihren Traum ohne mich leben …

Gesprächs- und Schreibanlässe

Tipps für gute Kommunikation
Überlege dir gemeinsam mit deinem Partner drei Tipps für Lexi und Robin, wie sie in Zukunft ohne Missverständnisse kommunizieren können.

Allein, allein
Nach dem großen Streit bleibt Robin allein in der Wohnung zurück. Wie geht es ihr? Was macht sie? Schreibe einen inneren Monolog.

Kreativ aktiv

Enttäuscht von Lexi
York wird von Lexi im Café mit der Arbeit zurückgelassen. Nach der Schicht bespricht er die Situation mit seinen Eltern. Entwerft in Dreiergruppen einen Dialog, in dem Yorks Enttäuschung über Lexis Verhalten deutlich wird. Macht euch Notizen im Heft und präsentiert den Dialog der Klasse.

Das Netz als rechtsfreier Raum?
Lexi verweist in ihrer Wutrede darauf, dass auch im Netz Gesetze gelten. Recherchiere drei wichtige Regelungen, die für die Sicherheit im Internet sorgen. Informiere dich in diesem Zusammenhang auch darüber, ab welchem Alter man in sozialen Netzwerken unterwegs sein darf. Lexis Nachbar Maurice beispielsweise ist elf Jahre alt und verfolgt *Magic Girl* auf TikTok. Sind die Inhalte auf der Plattform für ihn freigegeben? Sammelt die Regelungen in der Klasse und erstellt in Gruppen Plakate mit einem Internet-Knigge.

Standbilder mit Robin und Lexi
Bildet Gruppen mit vier oder fünf Mitgliedern. Bei Fünfergruppen gibt es einen Regisseur, der die anderen positioniert. Baut zwei Standbilder und stellt so die Beziehung der Schwestern an zwei Punkten gegenüber: vor ihrem viralen Video und auf dem Höhepunkt ihres Erfolgs. Achtet dabei auf Positionierung (Nähe / Distanz), Körperhaltung, Mimik und Gestik. Das Standbild kann auch zum Sprechen gebracht werden, indem eure Mitschüler den Figuren Fragen stellen.

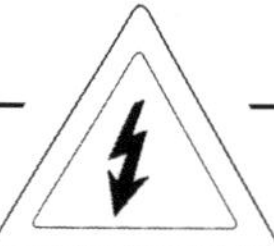

Freundschaft oder Business?

1. Gestalte ein „Gefühlsbarometer", das Yorks Emotionen beim Streit mit Lexi im 21. Kapitel bildlich darstellt.

a) Trage die folgenden drei Gefühlszustände von unten nach oben neben dem Thermometer ein.

Enttäuschung | Besorgnis | Wut

b) Ergänze die Gefühlszustände auf der rechten Seite jeweils durch ein passendes Zitat aus dem Roman.

Gefühlszustand 3:

____

Gefühlszustand 2:

____

Gefühlszustand 1:

____

2. Beschreibe, wie sich Lexi in dieser Situation verhält. Stelle einen Bezug zur Überschrift des Arbeitsblatts her.

____

____

____

Rede gegen Hass im Netz

Lexi geht live, nachdem *Feuereike* das Video der beiden Schwestern vor ihrem Wohnhaus veröffentlicht hat.

1. Nach ihrer Wutrede möchte sich Lexi am liebsten „auf einen anderen Planeten beamen". Wer löst durch welches Verhalten Ärger und Scham bei ihr aus? Ordne zu.

Robin •	• verletzt die Privatsphäre der Schwestern und verbreitet Hass im Netz gegen *Magic Girl.*
Feuereike •	• hat sich durch den Kontrollverlust auf das Niveau ihrer Hater begeben.
Lexi •	• hat Lexi mit ihren Worten verletzt.

Lexi wünscht sich, sie hätte eine andere Lösung als den Livestream gefunden. Stell dir vor, sie kommt in die Wohnung, Robin ist zu Hause und übernimmt mit kühlem Kopf ihre Verteidigung.

2. Schreibe Robins Rede gegen Hass im Netz.

a) Lies zunächst Lexis Wutrede (22. Kapitel) und notiere ihre Argumente und Forderungen im Heft.
b) Überarbeite die Wutrede so, dass sie überzeugt. Achte darauf, deine Behauptungen zu begründen und mit passenden Beispielen zu belegen. Lexis Aussagen können dir als Inspiration dienen, du darfst aber auch eigene Argumente gegen Hass im Netz einbringen.

Behauptung: Hass im Netz muss bekämpft werden …

Begründung: ______________________________

____

____

Beispiel: ______________________________

____

Begründung: ______________________________

____

Beispiel: ______________________________

____

c) Halte die Rede gegen Hass im Netz vor der Klasse.

Heftige Anschuldigungen

Zu Beginn des Romans wirken die beiden Schwestern sehr verbunden. Doch mit steigender Followerzahl verändert sich das Verhältnis.

1. Zeige die Stärke der Verbundenheit zwischen den Schwestern mit Anstieg der Followerzahl in einem Liniendiagramm.

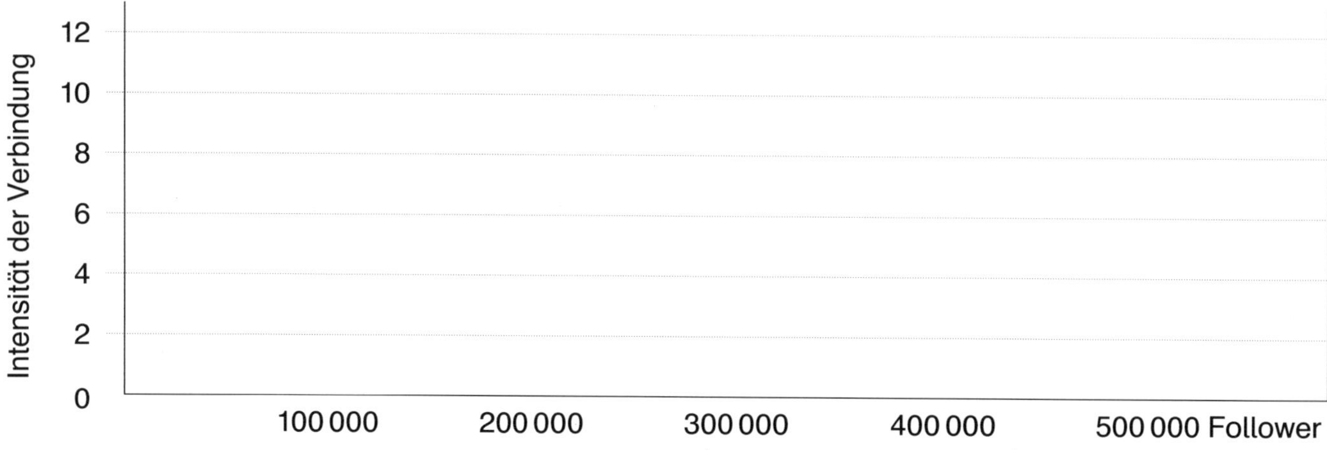

2. Bewerte deine Ergebnisse aus Aufgabe 1, indem du den folgenden Satz vervollständigst.

Magic Girls Erfolg bedeutet für die Schwestern, dass ______________________________

____

3. Analysiere den Streit der Schwestern (23. Kapitel) mithilfe des Kommunikationsmodells, das der Psychologe Friedemann Schulz von Thun entwickelt hat.

a) Wähle eine der beiden Anschuldigungen unten aus.
b) Notiere im Heft die vier Möglichkeiten, wie die Aussage beim Empfänger ankommen kann. Nutze dazu das Kommunikationsquadrat.
c) Markiere in einer Farbe, welche Aussageabsicht des Senders wahrscheinlich dahintersteckt. Markiere in einer zweiten Farbe, wie die Nachricht beim Empfänger ankommt.

Du folgst deinem Plan blind und nimmst überhaupt nichts anderes mehr wahr.

Wenn ich das Glück hätte, so auszusehen wie du, hätte ich das alles auch ganz ohne dich hinbekommen.

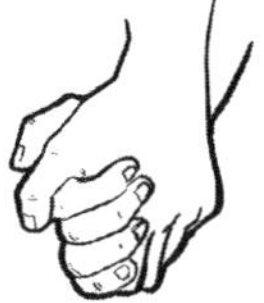

Futter für die Seele

Lexi geht nach ihrer Wutrede nicht ans Handy und reagiert nicht auf Nachrichten, weshalb Fayz mit Donuts im Gepäck persönlich nach ihr schaut.

1. Verbinde die Satzteile und rekonstruiere so die Unterhaltung zwischen Lexi und Fayz (S. 112–115). Kennzeichne die richtige Reihenfolge, indem du die Satzanfänge nummerierst. Schreibe dazu die Ziffer über den jeweiligen Namen.

Fayz	Die Frage •	• ist das?
Lexi	Ich weiß es nicht einmal. Ich hab keine •	• du bist und wer du sein möchtest.
Fayz	Und was •	• kannst du dir nur selbst beantworten.
Lexi	Ich weiß nicht, wie lange ich •	• das mit dem Kanal noch machen will.
Fayz	Ich glaube, du weißt sehr genau, wer •	• Talente, keine Leidenschaft, kein großes Ziel im Leben.
Lexi	Ich wollte nur für meine Familie da sein. Aber dabei •	• hab ich komplett aus den Augen verloren, was ich selbst möchte.

Lexi möchte Fayz für seine Unterstützung danken und erstellt ihm eine Playlist. Welche Songs zeigen ihre Gefühle für ihn? Was schätzt sie an ihm? Wofür ist sie ihm dankbar?

2. Schreibe die Songtitel mit kurzer Erklärung in dein Heft.

Studium oder roter Teppich?

1. Lies das 25. Kapitel und achte besonders auf Lexis Gefühle.

a) Erstelle ein Ranking von Lexis fünf wichtigsten Emotionen mithilfe des Wortspeichers. Nummer 1 ist die stärkste Empfindung.
b) Begründe deine Entscheidung, indem du die Gefühle mit Zitaten aus dem Roman belegst.

Unsicherheit	Aufregung	Überraschung	Erleichterung	Freude
Glück	Angst	Scham	Geborgenheit	Unbehagen
Wut	Verletztheit	innere Leere	Verwirrung	Zufriedenheit

① __________

② __________

③ __________

④ __________

⑤ __________

2. Gib Lexi einen Rat, ob sie nach der Schule einen neuen Weg einschlagen oder ob sie sich auf ihre Karriere als *Magic Girl* konzentrieren soll. Berücksichtige dabei ihre Gefühlslage und ihre Prioritäten im Leben.

3. Verfasse einen Tagebucheintrag aus Lexis Sicht vor der Aussprache mit Robin (bis 25. Kapitel), in dem sie ihre Gefühle und Pläne für die Zukunft aufschreibt. Arbeite im Heft.

26. Kapitel bis Epilog: *Magic Girls* letzter Auftritt

Inhalt

(26) Robin sucht am Abend das Gespräch mit ihrer Schwester. Lexi eröffnet ihr, dass sie mit dem Kanal aufhören möchte. Robin ist geschockt und versucht, sie umzustimmen. Sie vereinbaren einen Kompromiss: Lexi wird noch einen letzten Auftritt als *Magic Girl* machen. Panisch erläutert Robin, dass ihre Zukunft vom Kanal abhängt, doch Lexi bleibt bei ihrer Entscheidung.

(27) Am nächsten Morgen herrscht eisiges Schweigen zwischen den Schwestern. Lexi fühlt sich schuldig gegenüber ihrem Vater, der die Situation nicht deuten kann und auf den Zusammenhalt der beiden vertraut. Zudem macht sie sich Sorgen über die Reaktionen auf ihren Rant. Joris rät den Schwestern, sich auf die im Raum anwesenden Menschen – also auf die Familie – zu konzentrieren. Lexi hat Angst davor, in die Schule zu gehen, da sie auch dort dumme Sprüche erwarten, die sie nicht so leicht ignorieren kann wie auf dem Handy.

(28) Vor der Schule trifft Lexi auf York, der versucht, sie aufzumuntern. Er vermutet, dass sie ihren Job im Café nun endgültig kündigen will. Ihr Entschluss, stattdessen den Kanal aufzugeben, überrascht ihn. Gemeinsam laufen sie über den Schulhof, bis ein Mitschüler (Mert) ihnen ein neues – sehr privates – Video auf seinem Handy zeigt: Lexis Kuss mit Fayz. Die Nachricht darunter gibt zu erkennen, dass *Feuereike* es veröffentlicht hat – doch dieses Mal nicht von einem anonymen Account, sondern versehentlich von Emilias Profil. Damit ist *Feuereike* enttarnt. Lexi stellt Emilia zur Rede und entscheidet, sich nicht auf eine Diskussion einzulassen, sondern die Polizei einzuschalten. Sie betritt erhobenen Hauptes die Schule.

(29) Lexi absolviert ihren letzten Auftritt als *Magic Girl* auf einer Messe in Hannover, wo sie mit Fans zusammentrifft. Die innige Beziehung der Schwestern ist immer noch nicht wiederhergestellt, vor allem Lexi wirkt Robin gegenüber kühl und distanziert. Nach der Fotosession erklärt Lexi, sie sei mit Fayz verabredet. Robin hofft, dass die Begegnung mit den Fans Lexi klarmacht, wie einzigartig ihr gemeinsames Projekt ist.

(30) In ihrer Mittagspause unterhalten sich Lexi und Fayz auch über Robins Zukunft und ihre nicht abreißenden Versuche, Lexi umzustimmen. Fayz begleitet Lexi zu ihrem Signiertisch, an dem schon einige Fans warten. Nach vielen schönen Erfahrungen mit ihren Fans wird sie von einem Mann beleidigt und angespuckt. Lexi ist erstarrt vor Angst, als er etwas aus seiner Jackentasche zieht.

(31) Robin kommt wegen eines Workshops verspätet zum Signiertisch. Sie befürchtet Schlimmes, weil *Magic Girls* Postfach mit Drohungen eines einzigen Users überflutet ist. Robin sieht, wie ein Mann versucht, Lexi mit einem Messer anzugreifen. Fayz verhindert das in letzter Sekunde. Robin erkennt den Mann: Er hat ihr auf dem Weg von der Post nach Hause das Paket mit den T-Shirts abgenommen.

(Epilog) Robin akzeptiert nun Lexis Entschluss, den Kanal zu beenden und sich individuell weiterzuentwickeln. Lexi plant nach dem Abitur im kommenden Jahr eine Auszeit. Robin wird bald ein Sommerpraktikum in einer Grafikagentur beginnen. Beide erkennen die Wichtigkeit, gegen Hass im Netz vorzugehen, und teilen ihre Erfahrungen in einem gemeinsamen Abschlussvideo mit ihrer Community.

Unterrichtsschwerpunkte

- guten Content bewerten
- Aussagen von Figuren vervollständigen
- die Schuldfrage diskutieren
- einen Brief verfassen

Zu den Kopiervorlagen

Und der Gewinner ist …

Die Inhalte auf Social Media werden von sehr vielen jungen Menschen konsumiert und erhalten somit immer mehr Relevanz in der Öffentlichkeit. Wie es große Filmpreise gibt, gibt es auch Preise für Influencer mit gutem Content. Die Schüler setzen sich mit Fayz als einem Produzenten dieser Inhalte auseinander. Zuerst denken sie über die Form des verliehenen Preises nach. Es bietet sich ein Vergleich zu Licht- und Bühnentechnik im Theater an.

Anschließend werden die Jugendlichen selbst aktiv und gestalten einen eigenen Preis, den sie für zuvor festgelegte Kriterien vergeben möchten. Dabei ist auf ein stimmiges Konzept und eine nachvollziehbare Begründung zu achten. Um den Schülern die Aufgabe zu erleichtern, können Sie einige Kriterien zur Wahl stellen (siehe Lösung zu Aufgabe 2).

Lösung
Aufgabe 1:
z. B. Der Preis hat die Form eines Scheinwerfers, weil der Träger im Rampenlicht steht – wie auf einer Theaterbühne. Fayz ist ein würdiger Gewinner, denn sein Infokanal vermittelt im Bereich der medizinischen Aufklärung wichtige Inhalte auf verständliche Weise.

Aufgabe 2:
z. B.

Kriterium	Anforderungen
Präsentation	Kreativität, Nachvollziehbarkeit
Gestaltung	Sprache, Musik, Spezialeffekte
Häufigkeit	wöchentlich neues Video
Unterhaltungswert	witzig, abwechslungsreich

KV Seite 44

Der Angriff

Beim letzten Auftritt von *Magic Girl* bedroht ein Mann Lexi mit einem Messer. Die Schüler beweisen ihr Textverständnis, indem sie die Lücken in den Zeugenaussagen mithilfe der Lektüre ergänzen. Weiterführend können sie Lexis Befragung durch die Polizei protokollieren.

Der Angreifer ist den Lesern nicht unbekannt: Lexi ist ihm im 7. Kapitel im Café begegnet und Robin im 14. Kapitel auf der Straße. In diesem Zusammenhang bietet es sich an, im Plenum über Stalking im Netz und im realen Leben zu sprechen sowie über Möglichkeiten, sich dagegen zur Wehr zu setzen.

Lösung

- Zeugenaussage von Lilly (13 Jahre, Fan von *Magic Girl):* „Ich hab mich schon richtig lange auf das Fanevent in Hannover gefreut. Heute Nachmittag hat *Magic Girl* ein T-Shirt für mich signiert. Als ich fertig war, ist dieser Typ aufgetaucht: Er trug eine blaue Basecap mit dem Logo der *Dallas Cowboys*."
- Zeugenaussage von Tim (30 Jahre, Sicherheitsmitarbeiter): „Ich war für *Magic Girls* Sicherheit zuständig. Plötzlich hab ich gesehen, wie der Kerl ein Klappmesser gezogen hat. Ich glaube, er ist damit durch die Sicherheitskontrollen gekommen, weil es als Schlüsselanhänger getarnt war."
- Zeugenaussage von Fayz (19 Jahre, fester Freund von Lexi): „Ich war vor Ort, um Lexi bei ihrem letzten Auftritt als *Magic Girl* zu unterstützen. Dieser Typ hat sie beleidigt, angespuckt und dann sogar mit einem Messer bedroht. Ich hab ihn überwältigt und der Sicherheitsmitarbeiter hat ihm Handschellen angelegt."
- Zeugenaussage von Robin (15 Jahre, Schwester von Lexi): „Als ich die Drohungen gegen *Magic Girl* im Postfach auf meinem Smartphone entdeckt hab, bin ich sofort in Halle 22 gerannt. Aber ich war zu spät. Ich kenne den Mann. Er ist mir vor Kurzem auf der Straße begegnet und hat angeboten, mein schweres Paket zu tragen."

Gesprächs- und Schreibanlässe

Die Frage nach der Verantwortung

Was im Netz gepostet wird, kann auch Auswirkungen auf die reale Welt haben. Lexis Angreifer erwähnt einen Post von Ole, der den Streit mit *Magic Girl* forciert hat, um Follower zu gewinnen. Trägt Ole eine Mitschuld an dem Messerangriff? Diskutiert. Bezieht diese Aussage von Ole ein: „Erst wenn man Morddrohungen erhält, hat man es richtig geschafft." (S. 132)

Liebe Lexi

Im 28. Kapitel stellt sich heraus, dass hinter dem anonymen Hater *Feuereike* Lexis Mitschülerin steckt. Lexi lässt Emilia keinen Raum, ihre Beweggründe zu erklären. Emilia schreibt ihr später einen Brief, in dem sie sich entschuldigt und offenbart, was sie dazu gebracht hat, unter dem Namen *Feuereike* so viel Hass zu verbreiten. Verfasse diesen Brief.

Kreativ aktiv

Weniger Hass, mehr Respekt

Im Epilog, dem Nachwort eines literarischen Textes, teilen Lexi und Robin ihre Erfahrungen mit Hass und Hetze in einem gemeinsamen Abschlussvideo. Bildet Gruppen mit zwei bis vier Mitgliedern und dreht ein eigenes Video zum Thema. Dabei könnt ihr auf eure Ergebnisse zum Arbeitsblatt „Rede gegen Hass im Netz" (S. 37) zurückgreifen. Nutzt eine passende Gelegenheit wie einen Aktionstag in der Schule, um eure Videos einem größeren Publikum zu präsentieren.

Und der Gewinner ist …

1. Lies das 30. Kapitel. Stelle eine Vermutung an, warum der Social-Media-Preis die Form eines Bühnenscheinwerfers hat. Warum ist Fayz ein würdiger Gewinner? Schreibe auf.

2. Überlege, wofür du im Bereich „Influencer“ einen Preis verleihen würdest. Notiere dir vier mögliche Kriterien mit den jeweiligen Anforderungen in der Tabelle.

Kriterium	Anforderungen
Inhalt	Richtigkeit, Verständlichkeit, Wichtigkeit

3. Wie könnte dein Preis aussehen? Mach dir erst Notizen dazu und skizziere ihn dann im Rahmen.

Der Angriff

Beim letzten Auftritt von *Magic Girl* kommt es zu einem dramatischen Vorfall. Später befragt die Polizei die Zeugen. Doch auf der Messe ist es so laut, dass einzelne Wörter nicht zu verstehen sind.

Ergänze die Lücken.

Zeugenaussage von Lilly (13 Jahre, Fan von *Magic Girl):*

„Ich hab mich schon richtig lange auf das Fanevent in ____________________ gefreut. Heute Nachmittag hat *Magic Girl* ein ____________________ für mich signiert. Als ich fertig war, ist dieser Typ aufgetaucht: Er trug eine blaue Basecap mit dem Logo der ______________________________."

Zeugenaussage von Tim (30 Jahre, Sicherheitsmitarbeiter):

„Ich war für *Magic Girls* ____________________ zuständig. Plötzlich hab ich gesehen, wie der Kerl ein ______________________________ gezogen hat. Ich glaube, er ist damit durch die Sicherheitskontrollen gekommen, weil es als ______________________________ getarnt war."

Zeugenaussage von Fayz (19 Jahre, fester Freund von Lexi):

„Ich war vor Ort, um Lexi bei ihrem ____________________ Auftritt als *Magic Girl* zu unterstützen. Dieser Typ hat sie beleidigt, ____________________ und dann sogar mit einem Messer bedroht. Ich hab ihn überwältigt und der Sicherheitsmitarbeiter hat ihm ______________________________ angelegt."

Zeugenaussage von Robin (15 Jahre, Schwester von Lexi):

„Als ich die Drohungen gegen *Magic Girl* im ____________________ auf meinem Smartphone entdeckt hab, bin ich sofort in Halle 22 gerannt. Aber ich war zu ____________________. Ich kenne den Mann. Er ist mir vor Kurzem auf der Straße begegnet und hat angeboten, mein schweres ____________________ zu tragen."

Aktenvermerk: Das Opfer Lexi (17 Jahre, *Magic Girl)* steht unter Schock, Befragung folgt.

Nach der Lektüre

Zum Abschluss bietet dieser Abschnitt den Schülern die Gelegenheit, den eigenen Umgang mit Social Media zu reflektieren. Um die Lektürearbeit abzurunden, eignet sich der Film „Girl Gang“ der Regisseurin Susanne Regina Meures. Der Dokumentarfilm stellt den Alltag einer zu Beginn vierzehnjährigen Berliner Influencerin in den Bereichen Kosmetik und Mode dem eines Fans gegenüber.

Linktipp: *https://www.kinofenster.de/filme/filmarchiv/girl-gang-film*

Unterrichtsschwerpunkte

- das eigene Mediennutzungsverhalten einordnen, dokumentieren und reflektieren
- ein Referat vorbereiten und präsentieren

Zu den Kopiervorlagen

KV Seite 46 / 47

Robin, Lexi oder York?
Nach der Lektüre des Romans ist es sinnvoll, das persönliche Nutzungsverhalten von Smartphone und Social Media genauer zu betrachten. Mithilfe des Tests können die Schüler herausfinden, welcher Mediennutzungstyp sie sind. Nachdem sie eingeschätzt haben, welchen Stellenwert ihr Handy in ihrem Alltag hat, zählen sie, welcher Buchstabe (R, L oder Y) am häufigsten angekreuzt wurde. Ein Partner liest die entsprechende Auswertung vor. Vielleicht regt sie den ein oder anderen dazu an, die eigenen Verhaltensweisen zu überdenken.

KV Seite 48

Tagebuch zur Mediennutzung
Ausgehend vom Test „Robin, Lexi oder York?“ werden die Schüler dazu angeregt, eine Woche lang ihre Mediennutzung zu dokumentieren und ihr Verhalten zu reflektieren bzw. zu verändern. Klären Sie in diesem Zusammenhang bei Bedarf den Begriff Detox auf dem Arbeitsblatt: eine durch Verzicht bewirkte Befreiung des Körpers oder der Seele von schädlichen Einflüssen.

Die Jugendlichen bewerten, ob sie ihre Medienzeit sinnvoll genutzt oder verschwendet haben. Sie machen sich auch ihre Gefühlslage an diesen Tagen bewusst. Die Ergebnisse werden in der Klasse verglichen und diskutiert. Das gibt den Impuls, sich über Tipps für eine Reduktion der Bildschirmzeit auszutauschen, z. B. Timer für Social-Media-Apps, Handy auf Schwarz-Weiß stellen, analoger Wecker statt Handywecker.

Schreibanlass

***Magic Girl* in zehn Jahren**
Wie geht es nach dem letzten Video mit den beiden Schwestern weiter? Entscheide dich für Robin oder Lexi und lege in einem Text dar, wie ihre Zukunft aussieht. Beschreibe ihre Lebenssituation zehn Jahre später. Mach dir Gedanken über ihre Beziehungen, ihre Arbeit, ihre Wohnsituation und darüber, wie es ihr geht. Mit welchen Gefühlen erinnert sie sich an ihre Erfahrungen rund um *Magic Girl?*

Kreativ aktiv

Fünf-Minuten-Referate im Stil von *FaktenFayz*
FaktenFayz steht für sorgfältig recherchierte Informationen, die er ansprechend und gut verständlich aufbereitet. Mach es ihm nach und recherchiere zu einem Thema deiner Wahl. Du kannst für die Suche im Internet spezielle Zeichen, sogenannte Operatoren, verwenden. So bekommst du die besten Ergebnisse. Auf Instagram gibt der Nutzer *funk* Tipps unter dem Motto „So googelt ihr besser“ *(https://www.instagram.com/funk/p/CVSRdbNopS2/).*

Bereite die Informationen in einem maximal fünf Minuten umfassenden Referat für deine Mitschüler auf. Wähle passende Bilder bzw. Grafiken, um deinen Vortrag zu visualisieren. Präsentiere dein Referat vor der Klasse.

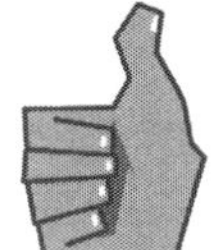

Robin, Lexi oder York? (1)

Selbst im Familienurlaub fällt es Robin schwer, nicht auf das Handy zu schauen. Könntest du dir einen Urlaub ohne Handy vorstellen? Wie abhängig von Social Media bist du wirklich?

Finde es heraus, indem du jeweils die Antwort ankreuzt, die am ehesten auf dich zutrifft. Natürlich ganz ehrlich sein!

Ich checke mein Handy …

- ☐ maximal zweimal am Tag. (Y)
- ☐ mehrmals am Tag. (L)
- ☐ mehrmals pro Stunde. (R)

Meine Followerzahl beträgt …

- ☐ unter 100. (Y)
- ☐ 100 bis 500. (L)
- ☐ mehr als 500. (R)

Wenn ich mein Handy nicht benutzen darf (z. B. in der Schule), …

- ☐ bin ich froh um die Auszeit. (Y)
- ☐ konzentriere ich mich auf andere Dinge. (L)
- ☐ überlege ich mir einen Trick, wie ich es trotzdem verwenden kann. (R)

Wenn ich Zeit mit meinen Freunden verbringe, …

- ☐ ist mein Handy lautlos in der Tasche. (Y)
- ☐ nehme ich mein Handy nur zur Hand, wenn es klingelt. (L)
- ☐ hab ich mein Handy immer griffbereit. (R)

Wie oft streitest du dich mit deinen Eltern über deine Handynutzung?

- ☐ Nie. (Y)
- ☐ Ab und zu. (L)
- ☐ Sehr oft. (R)

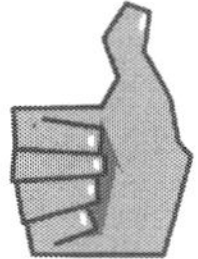

Robin, Lexi oder York? (2)

Sieh dir die Buchstaben hinter deinen Antworten an. Der Buchstabe, der am häufigsten vorkommt, verrät dir, welchem Charakter im Buch du in Bezug auf deine Social-Media-Nutzung am ähnlichsten bist.

Y wie YORK

„Wann dreht ihr eigentlich nicht?“ Wie bei York spielt sich dein Leben hauptsächlich in der realen Welt ab. Selbst wenn du überall angemeldet und up to date bist, bleibst du trotzdem unabhängig von den Verlockungen im Netz. In deinem Alltag liegt der Fokus nämlich auf anderen Dingen wie deinen Freunden und der Schule. Du benutzt Social Media relativ selten und kontrolliert, z. B. zur Recherche. Du kannst auch ohne und bist absolut nicht süchtig!

L wie LEXI

„Da hab ich Schicht im Café. Das schaff ich nicht.“ Wie Lexi versuchst du, die Balance zu finden zwischen einem gelungenen Social-Media-Auftritt und einem erfüllten Leben in der echten Welt. Das klappt mal mehr, mal weniger gut. Du bist regelmäßig in sozialen Netzwerken unterwegs – und manchmal auch zu viel. Meistens kennst du aber deine Grenzen und bist nicht süchtig. Achte darauf, welche Apps die größten Zeitfresser sind, und behalte dein Nutzungsverhalten im Auge.

R wie ROBIN

„Wen interessiert jetzt noch Mathe?“ Wie Robin macht dir in Sachen Social Media niemand etwas vor. Allerdings solltest du nicht vergessen, dass abseits der Bildschirme eine reale Welt mit realen Menschen und realen Verpflichtungen auf dich wartet. Sollte dein Auftritt im Netz diese negativ beeinflussen, musst du die Notbremse ziehen. Versuche, deine Nutzungszeit einzuschränken. Wenn das nicht gelingt, solltest du professionelle Hilfe in Anspruch nehmen.

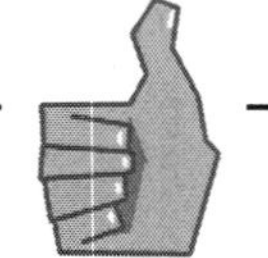

Tagebuch zur Mediennutzung

Medien spielen in unserem Alltag eine immer größere Rolle. Das bringt uns nicht nur Unterhaltung, sondern lenkt uns auch von wesentlichen Dingen ab. Diese Woche soll deshalb im Zeichen von Achtsamkeit und Social-Media-Detox stehen.

Fülle die Tabelle aus.

a) Beschreibe deinen Tag stichpunktartig in Bezug auf deine Mediennutzung. Gib sowohl die mit Medien verbrachte Zeit als auch die Inhalte an.
b) Beurteile, ob du deine Medienzeit sinnvoll genutzt hast.
c) Male den Smiley an, der zu deiner Gefühlslage nach der Mediennutzung passt.

Tag	Wie viel Zeit hast du heute mit Medien verbracht?	Welche Inhalte hast du dir angesehen?	Hast du deine Zeit sinnvoll genutzt?	Wie hast du dich heute gefühlt?
①			☐ ja ☐ nein	☺ 😐 ☹
②			☐ ja ☐ nein	☺ 😐 ☹
③			☐ ja ☐ nein	☺ 😐 ☹
④			☐ ja ☐ nein	☺ 😐 ☹
⑤			☐ ja ☐ nein	☺ 😐 ☹
⑥			☐ ja ☐ nein	☺ 😐 ☹
⑦			☐ ja ☐ nein	☺ 😐 ☹

Das ist mir besonders leichtgefallen: ______________________________

Das ist mir besonders schwergefallen: ______________________________

Das nehme ich mit: ______________________________